Müller/Geisler · Ganz schön aufgeklärt!

Jörg Müller

Ganz schön aufgeklärt!

Medizinische Beratung von Dr. med. Stefan Lange
und Dr. med. Sabine Gutberlet

Zeichnungen von Dagmar Geisler

Loewe

Die Deutsche Bibliothek – CIP-Einheitsaufnahme

Müller, Jörg:
Ganz schön aufgeklärt! / Jörg Müller.
Med. Beratung von Stefan Lange und Sabine Gutberlet.
Zeichn. von Dagmar Geisler.
1. Aufl. – Bindlach: Loewe, 1993
ISBN 3-7855-2522-2

ISBN 3-7855-2522-2 – 1. Auflage 1993

Umschlagzeichnung: Dagmar Geisler
Umschlaggestaltung: Karin Roder
Satz: Teamsatz, Neudrossenfeld

Inhalt

Für Kinder und ihre Eltern

Kinder haben viele Fragen und wollen immer alles ganz genau wissen. Manchmal ist das für die Eltern gar nicht so einfach. Besonders, wenn sie gefragt werden, warum Mädchen anders aussehen als Jungen oder woher eigentlich die Babys kommen. Deshalb haben wir dieses Buch gemacht. Es soll Kinder und ihre Eltern auf dem langen Weg zum Erwachsenwerden begleiten. Wir wollen ihnen helfen, dieses Neuland gemeinsam Schritt für Schritt zu erkunden.

Der kleine Unterschied

Gut, daß jeder anders aussieht

Vielleicht kennst du das Märchen vom Wettlauf zwischen dem Hasen und dem Igel. Der pfiffige Stachelkerl mit den kurzen Beinen gewann das Rennen, denn seine Frau hatte sich genauso angezogen wie er. Und der Hase merkte gar nicht, daß er es mit zwei Igeln zu tun hatte.

Aber so was kann nur im Märchen passieren. Im richtigen Leben kommt es nur sehr selten vor, daß sich zwei Menschen zum Verwechseln ähnlich sehen.

Den Unterschied zwischen Mann und Frau kann man fast immer sofort erkennen. Genau damit wollen wir uns auf den nächsten Seiten beschäftigen. Und zwar auch mit den Unterschieden, die man nicht sofort sehen kann, weil sie unter den Hosen, Pullis und Kleidern verborgen sind.

Jeder hat seine Stärken

Manchmal bekommt man viel Unsinn zu hören, wenn es um die Unterschiede zwischen Jungen und Mädchen oder Männern und Frauen geht. Zum Beispiel wird oft behauptet, daß die Jungen stark und die Mädchen schwach sind. Oder man sagt, die einen wären dumm und die anderen klug. Interessant daran ist nur, wie diese dummen Vorurteile entstanden sind.

Nehmen wir mal das Vorurteil mit der Klugheit und der Dummheit: Früher durften fast nur die Söhne eine höhere Schule besuchen, studieren oder einen Beruf lernen, damit sie Geld verdienen und eine eigene Familie ernähren konnten. Die Töchter bekamen oft gar keine Berufsausbildung. Sie lernten, Handarbeiten zu machen oder ein Instrument zu spielen. Wenn sie arbeiteten, dann höchstens als Kindermädchen oder in einer Fabrik. „Ihr heiratet ja sowieso bald. Dann bekommt ihr Kinder und müßt den Haushalt machen.

Warum sollen wir da noch eine teure Ausbildung bezahlen?" dachten sich damals wohl viele Eltern.

Heute ist das ganz anders: Mädchen haben die gleichen Chancen wie Jungen, wenn sie studieren oder einen Beruf lernen wollen. Und daß Mädchen mindestens genauso klug wie Jungen sind, kann jeder feststellen. Dazu muß man nur mal auf die Schulnoten schauen.

Auch wenn Jungen sich wegen ihrer Stärke aufspielen und sagen, daß alle Mädchen schwach sind, ist das nicht ganz richtig. Zwar haben Männer mehr Kraft und sind meist größer und schwerer, aber dafür sind Frauen oft zäher und haben mehr Ausdauer. Außerdem sind Männer viel schmerzempfindlicher als Frauen. Ein Mann zum Beispiel könnte die Geburt eines Kindes vielleicht gar nicht aushalten. So hat eben jeder seine Stärken ...

ZUSAMMEN SIND WIR AM STÄRKSTEN.

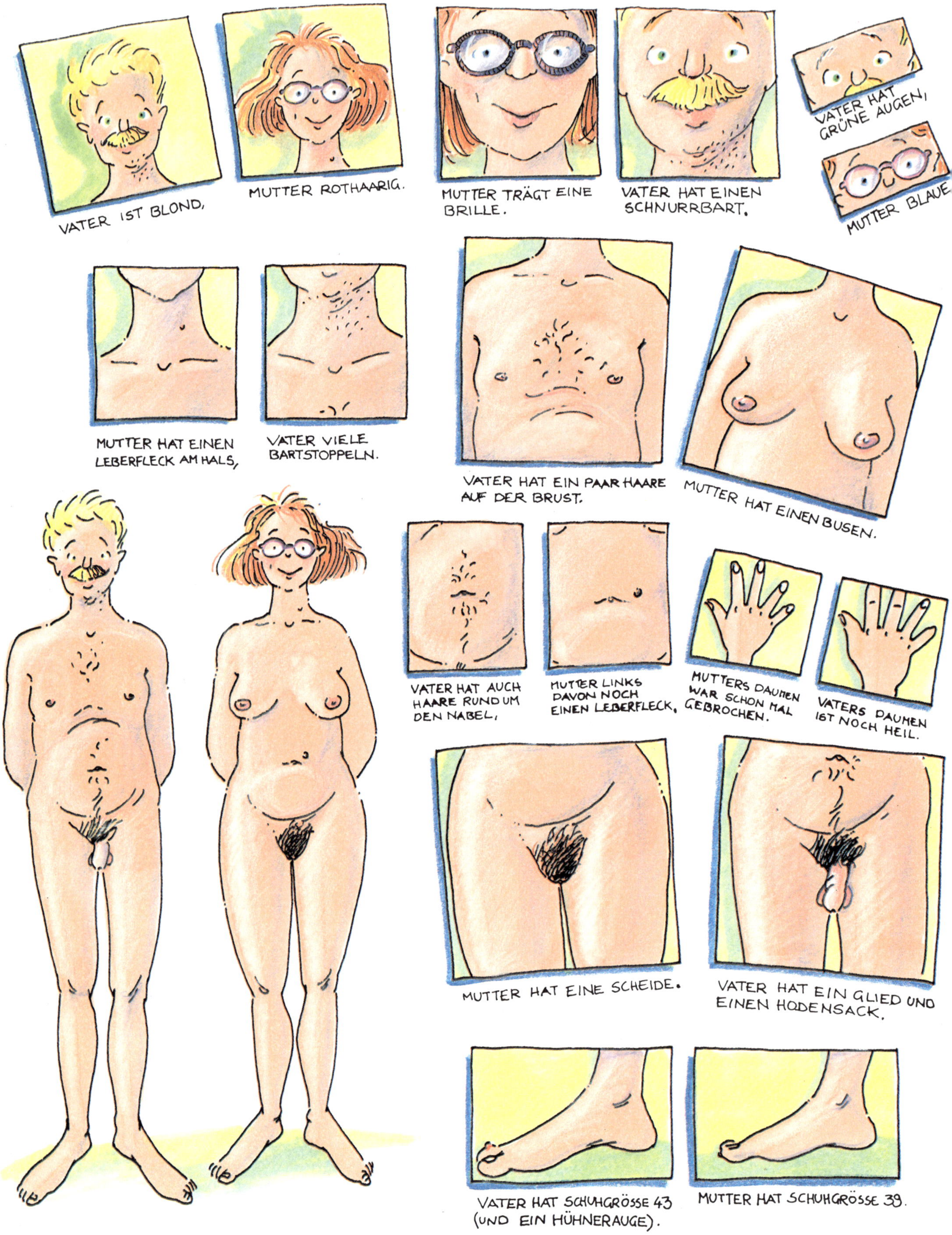
VATER IST BLOND,
MUTTER ROTHAARIG.
MUTTER TRÄGT EINE BRILLE.
VATER HAT EINEN SCHNURRBART.
VATER HAT GRÜNE AUGEN,
MUTTER BLAUE.
MUTTER HAT EINEN LEBERFLECK AM HALS,
VATER VIELE BARTSTOPPELN.
VATER HAT EIN PAAR HAARE AUF DER BRUST.
MUTTER HAT EINEN BUSEN.
VATER HAT AUCH HAARE RUND UM DEN NABEL,
MUTTER LINKS DAVON NOCH EINEN LEBERFLECK.
MUTTERS DAUMEN WAR SCHON MAL GEBROCHEN.
VATERS DAUMEN IST NOCH HEIL.
MUTTER HAT EINE SCHEIDE.
VATER HAT EIN GLIED UND EINEN HODENSACK.
VATER HAT SCHUHGRÖSSE 43 (UND EIN HÜHNERAUGE).
MUTTER HAT SCHUHGRÖSSE 39.

Laßt uns mal genauer hinschauen

Eine Sache, die bei Männern und Frauen wirklich unterschiedlich ist, fällt erst auf, wenn ein Junge seine nackte Mama sieht oder ein Mädchen den nackten Papa: Zwischen den Beinen sieht es ja ganz anders aus!

Jungen und Männer haben da einen **Hodensack** hängen, der wie ein kleiner Beutel aussieht. Und davor hängt das **Glied.**

Bei Mädchen und Frauen ist zwischen den Beinen eine Öffnung, die **Scheide** heißt. Bei ihnen hängt nichts zwischen den Beinen. Dafür haben Frauen und ältere Mädchen etwas, was den Männern fehlt: einen **Busen.**

Daß da jemand etwas hat, was man selbst nicht hat, ist eine spannende Sache. Nur: Wie kommt man hinter das Geheimnis dieser Unterschiede? Viele versuchen es selbst herauszufinden. Zum Beispiel, wenn sie mit anderen Kindern Arzt und Patient spielen. Da müssen sich dann die „kranken" Kinder ausziehen. Und dann kann man sie in aller Ruhe untersuchen und anschauen.

Dumm bei diesem Spiel ist nur, daß die Eltern meistens gar nicht so begeistert sind, wenn lauter kleine Nacktfrösche durchs Kinderzimmer hüpfen. Außerdem ist weder der Patient noch der Doktor hinterher viel schlauer. Denn was nützt es, wenn man zwar sehen kann, was anders ist, aber nicht weiß, warum? Und was sich im Körper bei Jungen und Mädchen tut, könnt ihr sowieso nicht sehen. Was da passiert, ist noch viel interessanter.

Was Mädchen über Jungen wissen wollen

Was hängt da zwischen den Beinen?

Bei allen Männern und Jungen hängen zwischen den Beinen ein Hodensack und ein Glied. Die Spitze des Gliedes heißt **Eichel.** Der längere Teil, mit dem das Glied am Körper angewachsen ist, wird **Schaft** genannt.

Interessant ist, daß in so einem Glied kein einziger Knochen steckt. Statt dessen besteht es aus Haut, Blutgefäßen, **Schwellkörpern,** Muskelfasern und Nerven.

Die Blutgefäße sind winzig kleine biegsame Röhrchen, durch die Blut fließt.

Sie sind von Muskelfasern umgeben und bilden so die Schwellkörper. Drei Stück gibt es davon im Schaft des Gliedes.

Einer davon umschließt die **Harn-Samenröhre.** Sie führt wie ein kleiner Schlauch durch den Schaft des Gliedes bis in den unteren Bauch des Mannes. Dort mündet sie in der **Harnblase,** wo sich die ganze Flüssigkeit aus der Nahrung sammelt. Man nennt sie **Urin.** Wenn ein Junge auf die Toilette geht, läuft der Urin durch die Harn-Samenröhre aus dem Glied heraus.

Das Ende der Harn-Samenröhre kann man in der Eichel als kleines Loch erkennen. Dazu muß man die **Vorhaut,** die über der Eichel liegt, zum Schaft hin zurückstreifen.

Mit der Eichel hat es eine besondere Bewandtnis: Sie ist der empfindlichste Teil am Körper eines jeden Mannes und hat eine ganz glatte Haut. Unter ihrer Oberfläche, vor allem aber am unteren Rand, wo die Vorhaut beginnt, ist sie mit vielen Nervenenden übersät. Diese Nerven funktionieren wie kleine Stromleitungen. Sie melden jede Berührung der Eichel sofort dem Gehirn.

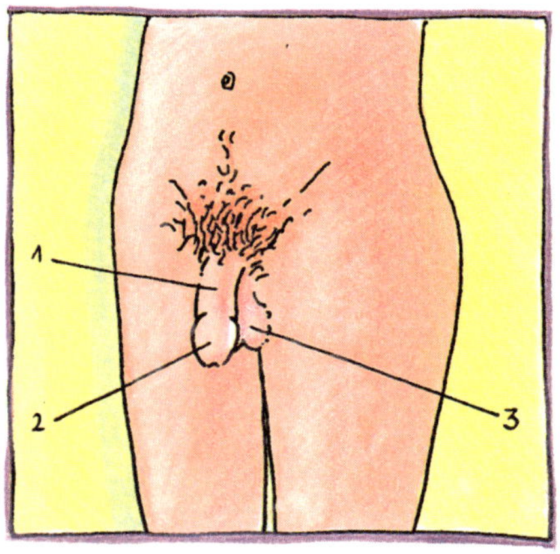

1 Gliedschaft
2 Eichel
3 Hodensack

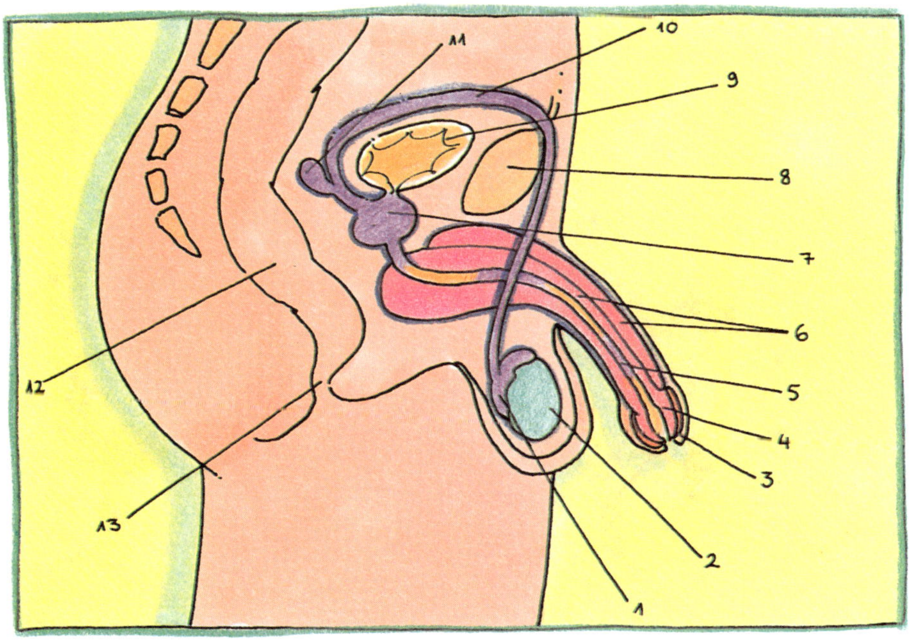

1 Nebenhoden
2 Hoden
3 Vorhaut
4 Eichel
5 Harn-Samenröhre
6 Schwellkörper
7 Vorsteherdrüse
8 Schambein
9 Harnblase
10 Samenleiter
11 Samenbläschen
12 Darm
13 Darmöffnung

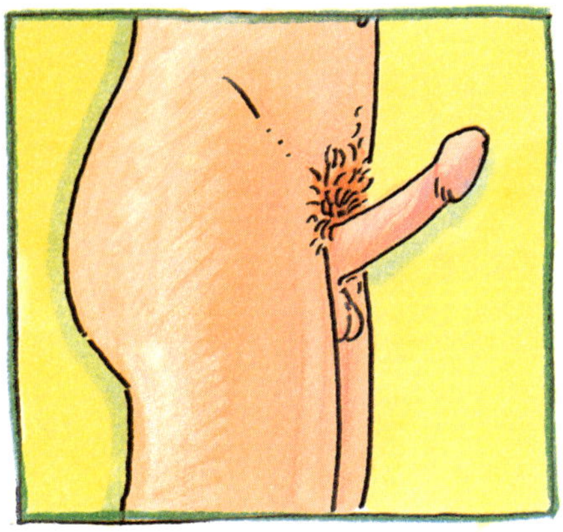

Das Glied kann sich verändern

Wenn die Eichel sanft berührt wird, manchmal schon wenn ein Mann oder ein Junge sehr aufgeregt ist, füllen sich die Schwellkörper mit Blut. Das Glied wird größer. Wenn die Schwellkörper voll sind, fühlt es sich richtig hart an. Fast so, als wäre doch ein Knochen drin.

Diesen Moment, in dem das Glied ganz steif ist, nennt man **Erektion.** Es kann dann doppelt so groß werden wie im normalen Zustand. Und dabei zieht sich die Vorhaut von selbst zurück. Ihr könnt auch beobachten, daß sich die Farbe der Eichel verändert. Sie wird dunkler, weil das gestaute Blut durch die Haut schimmert. Wenn die Erektion nachläßt, fließt das Blut aus den Schwellkörpern zurück. Das Glied wird wieder weicher und kleiner.

Wie der Samen produziert wird

Die Harn-Samenröhre transportiert nicht nur Urin. Durch sie wird auch der **Samen** aus dem Körper herausbefördert. Er wird gebraucht, um zur Entstehung eines Babys die **Eizelle** der Frau zu befruchten. Das wollen wir später noch viel ausführlicher erklären.

Doch woher kommt der Samen? Im Inneren des Hodensacks gibt es zwei Kammern. In jeder liegt ein **Hoden.** Von außen kann man die Hoden ertasten. Sie fühlen sich wie kleine Kugeln an und haben eine leicht ovale Form – so ähnlich wie Eier. Der linke Hoden ist normalerweise größer und liegt oft etwas tiefer als der rechte.

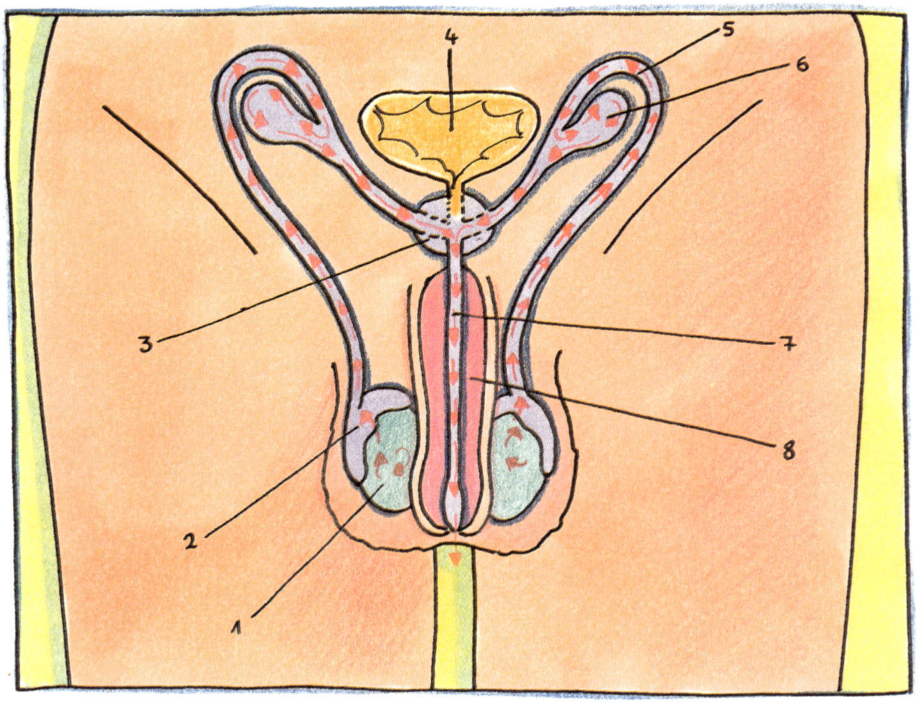

1 Hoden
2 Nebenhoden
3 Vorsteherdrüse
4 Harnblase
5 Samenleiter
6 Samenbläschen
7 Harn-Samenröhre
8 Schwellkörper

In den Hoden wird der Samen produziert. Der fertige Samen wird dann in den **Nebenhoden** gesammelt. Die sind wie flache Eierbecher über die Hoden gestülpt und liegen auch im Hodensack.

Von den beiden Nebenhoden führt je ein **Samenleiter** wie ein kleiner Schlauch zu den **Samenbläschen.** Darin wird der dickflüssige Samen verdünnt, damit er später leichter durch die Harn-Samenröhre fließen kann.

Die Stelle, an der die Samenleiter in die Harn-Samenröhre einmünden, heißt **Vorsteherdrüse** oder **Prostata.** Dort wird der Samen weiter verdünnt. Die Prostata funktioniert wie ein Ventil. Sie verhindert, daß sich Urin und Samen vermischen. Den Samen läßt sie nur in den Harn-Samenleiter fließen, wenn das Glied steif ist.

Wenn das steife Glied nämlich noch mehr gereizt wird, zum Beispiel durch Streicheln der Eichel, kommt es zu einem **Samenerguß (Ejakulation).** Dabei wird die Samenflüssigkeit von der Vorsteherdrüse in die Harn-Samenröhre geleitet und durch das Glied aus dem Körper gespritzt.

Das, was dann als milchigweiße Flüssigkeit herauskommt, heißt **Sperma.** Es besteht nur zum kleinsten Teil aus dem Samen. Der größte Teil der Flüssigkeit wird in der Vorsteherdrüse und den Samenblasen gebildet. Sie soll dafür sorgen, daß das Sperma schnell durch die Harn-Samenröhre gespritzt werden kann.

Der Hodensack ist ein kleines Wunderding

Wenn man sich den Hodensack genau anschaut, kann man erkennen, daß er dunkler ist als die übrige Haut des Körpers. Außerdem sieht er oft ein bißchen schrumpelig aus. Die Haut enthält viele Schweiß- und Talgdrüsen. Deshalb kann sie sehr rauh und pickelig wirken.

Dieser Hodensack bildet die Hülle und den Schutz für die Hoden. Und Schutz brauchen die Hoden auch, denn sie sind sehr druck- und stoßempfindlich. Ein versehentlicher Stoß dagegen, zum Beispiel beim Fußball, verursacht höllische Schmerzen.

Die Temperatur in den Hoden muß möglichst gleich bleiben, damit in ihnen Samenzellen gebildet werden können. Vor allem dürfen die Hoden nicht zu warm werden. Deshalb hängen sie in einem Beutel außerhalb des Körpers, der drei Grad wärmer ist. Und dafür, daß die Hoden nicht zu kalt werden, sorgt eine eingebaute Automatik. Bei sehr niedrigen Temperaturen ziehen sich die Muskeln im Hodensack zusammen. Die Hoden werden dadurch dichter an den warmen Körper gepreßt und von ihm vor zu großer Kälte bewahrt. Jeder Junge kann das bei sich selbst beobachten, wenn er in sehr kaltem Wasser baden geht.

Was Jungen über Mädchen wissen wollen

Die meisten Sachen sind im Körper versteckt

Die meisten Besonderheiten der Mädchen und Frauen könnt ihr nicht auf Anhieb sehen, weil sie im Körper versteckt sind. Eine Sache allerdings kann man bei erwachsenen Frauen fast immer sofort erkennen: den Busen.

Seine Größe und Form ist bei jeder Frau anders. Die **Brüste** bestehen aus Bindegewebe, Fettpolstern und Drüsen. Auf den Brüsten sitzen die **Brustwarzen.** Darunter liegen **Milchdrüsen,** deren Ausgänge in die Brustwarzen münden. Bei einer Frau, die ein Baby bekommen hat, produzieren diese Drüsen **Muttermilch.** Das Baby kann sie aus den Brustwarzen heraussaugen.

In den Brustwarzen befinden sich sehr viele Nervenenden. Deshalb ist die Haut der Brustwarzen sehr empfindlich.

Die anderen Geschlechtsteile der Frau liegen wie beim Mann viel tiefer. Wenn man mit der Hand vom Bauchnabel aus abwärts streicht, läßt sich der **Venushügel** ertasten. Bei erwachsenen Frauen wachsen dort die gekräuselten **Schamhaare.** Gleich unterhalb des Venushügels kommen die **äußeren Schamlippen.** Das sind zwei Falten aus Haut. Sie berühren sich und liegen wie zwei schützende Hände über den weiteren, noch empfindlicheren Geschlechtsteilen der Frau. Die kann man erst sehen, wenn man die äußeren Schamlippen etwas auseinanderzieht. Darunter sind die **inneren Schamlippen** zu erkennen. Weil sie von vielen Blutgefäßen durchzogen sind, haben sie eine dunkelrosa Farbe.

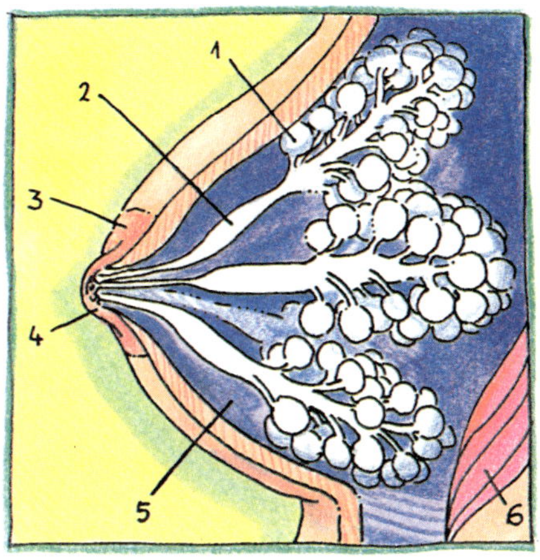

1 Drüsenbläschen
2 Milchgang
3 Warzenhof
4 Brustwarze
5 Fettgewebe
6 Muskel

Wo Mädchen und Frauen ihre empfindlichste Stelle haben

Ein Stückchen unterhalb des Venushügels, genau an der Stelle, wo die inneren Schamlippen beginnen, liegt die **Klitoris.** Sie wird oft auch **Kitzler** genannt. Der Kitzler, der sich wie eine in die Haut eingewachsene Erbse anfühlt, ist bei fast allen Frauen die empfindlichste Stelle des Körpers – so wie beim Mann die Eichel an der Spitze des Gliedes. Wie in der Haut der Eichel sitzen auch im Kitzler viele, viele Nervenenden. Sie melden jede Berührung sofort an das Gehirn.

Die Klitoris der Frau und die Eichel des Mannes haben noch mehr Gemeinsamkeiten. Denn so, wie sich bei Berührungen das Glied des Mannes versteift und vergrößert, kann sich auch die Klitoris vergrößern. Zum Beispiel, wenn die Haut um sie herum gestreichelt wird, kann sie fast bis auf die doppelte Größe anwachsen. Sie ist dann noch viel empfindlicher, als sie vorher schon war.

Hinter der Klitoris befindet sich eine kleine Öffnung: Das ist der **Harnröhrenausgang** der Frau. Jetzt ist auch klar, warum Mädchen

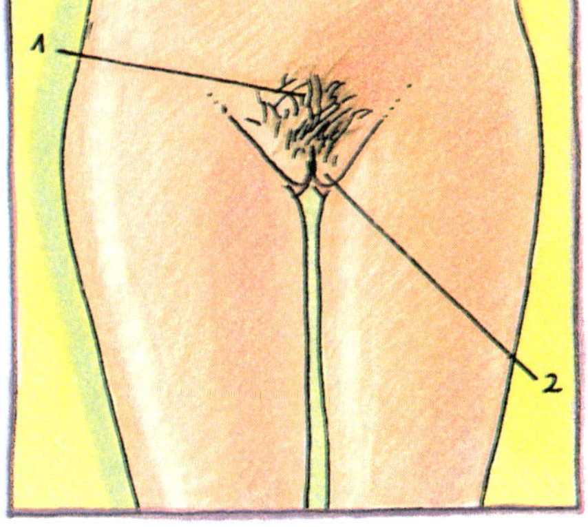

1 Venushügel
2 Äußere Schamlippen

1 Klitoris
1a Schaft
1b Kopf
2 Harnröhrenausgang
3 Innere Schamlippen
4 Scheideneingang
5 Äußere Schamlippen
6 Damm
7 Darmöffnung

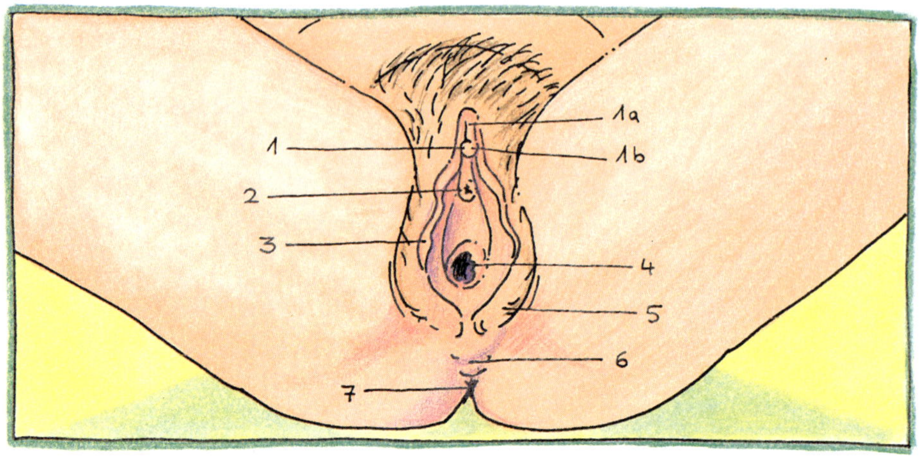

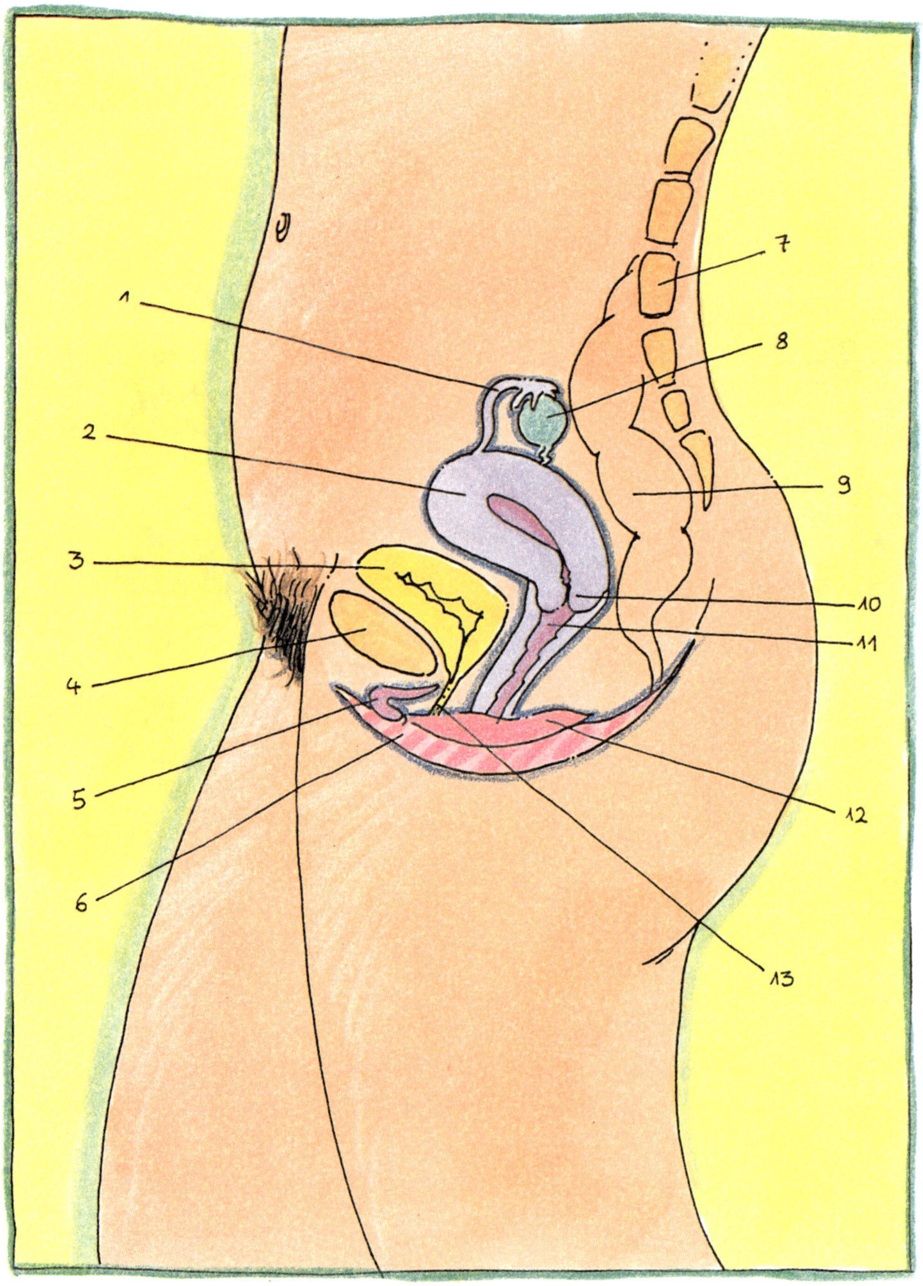

1 Eileiter
2 Gebärmutter
3 Harnblase
4 Schambein
5 Klitoris
6 Äußere Schamlippen
7 Wirbelsäule
8 Eierstock
9 Darm
10 Muttermund
11 Scheide
12 Innere Schamlippen
13 Harnröhre

nicht im Stehen Pipi machen wie die Jungen: Ihren Harnröhrenausgang kann man nicht mit der Hand steuern. Trotzdem sollten sich auch die Jungen beim Harnlassen setzen, denn selbst der Geübteste zielt mal daneben.

Unterhalb des Harnröhrenausgangs gibt es noch eine Öffnung, den **Scheideneingang.** Er ist bei jungen Mädchen meistens durch ein dünnes Häutchen verschlossen. In diesem **Jungfernhäutchen** befindet sich nur ein kleines Loch. Das sieht bei jedem Mädchen anders aus. Wenn ein Mädchen zum Beispiel sehr viel Sport treibt, kann die Öffnung im Jungfernhäutchen größer sein als bei anderen Mädchen.

Was wir von außen nicht sehen können

Alle anderen Geschlechtsorgane können wir von außen nicht sehen, weil sie im Körper liegen. Hinter dem Jungfernhäutchen kommt zunächst die Scheide. Man kann sie sich als einen aus Muskelfasern gebauten, bis zu zehn Zentimeter langen Schlauch vorstellen. An seiner Innenwand sitzen viele kleine Drüsen. Wenn die äußeren Geschlechtsteile gestreichelt werden, sondert diese Schleimhaut in der Scheide eine Flüssigkeit ab, die die Scheideninnenwand befeuchtet.

Am oberen Ende der Scheide sitzt der **Muttermund,** an den sich die **Gebärmutter** anschließt. Sie sieht so ähnlich aus wie eine Birne, deren dünner Teil nach unten zeigt, und ist auch ungefähr so groß. Im Unterleib liegt sie etwa in der Mitte zwischen dem Bauchnabel und dem Beginn der **Schamlippen.**

Die Gebärmutter besteht aus einer dicken Muskelschicht. Diese Muskeln sind unglaublich dehnbar. Fast kann man sich die Gebärmutter wie einen Luftballon vorstellen, der noch nicht aufgeblasen ist. Sie muß so dehnbar sein, weil in ihr Platz für ein Baby sein soll.

In den oberen Teil der Gebärmutter münden die **Eileiter.** Sie sehen aus wie zwei kleine Schläuche, deren obere Enden sich wie Trichter vergrößern. Diese Trichter hängen normalerweise völlig frei in der Bauchhöhle. Sie können sich aber auch wie Hütchen über die **Eierstöcke** stülpen, die seitlich links und rechts von der Gebärmutter liegen.

Schon vor der **Geburt** eines jeden Mädchens befinden sich in seinen Eierstöcken rund vierhunderttausend vorbereitete Eianlagen. Etwa vierhundert davon reifen im Leben einer Frau so weit heran, daß sie mit männlichem Samen befruchtet werden können. Und jedesmal, wenn ein Ei reif für diese **Befruchtung** wird, spielt sich im Körper einer Frau ein spannender Vorgang ab – etwa alle 28 Tage. Diesen Vorgang, der sich immer wiederholt, nennt man **Zyklus.**

1. EIREIFUNG

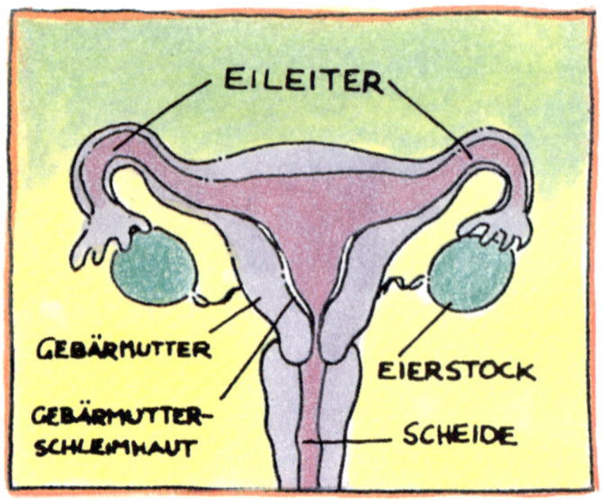

2. EISPRUNG

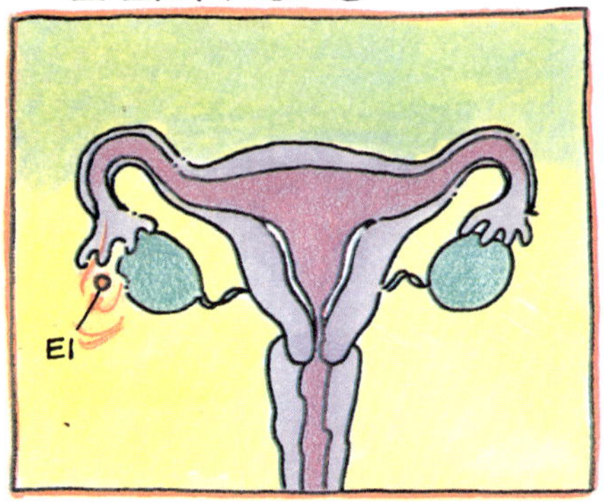

3. EIWANDERUNG

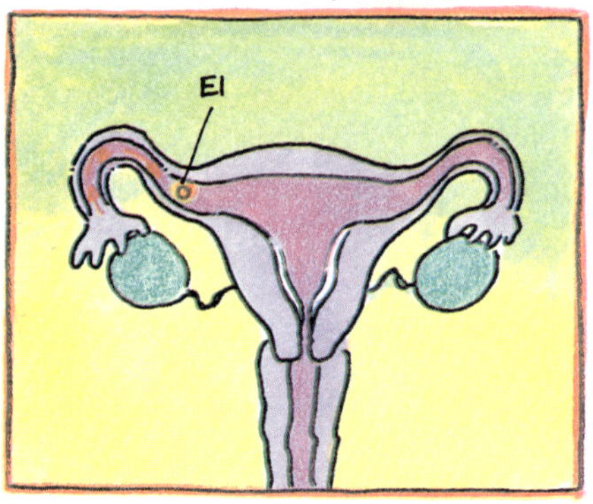

4. MENSTRUATION

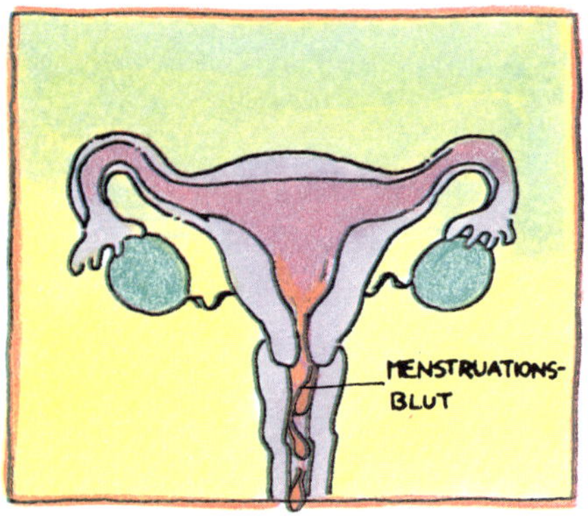

Der Monatszyklus

Jeder Zyklus beginnt damit, daß eine der vielen **Eizellen** im Eierstock heranreift und befruchtungsfähig wird. Eine fertige Eizelle ist immer noch so winzig klein, daß man sie mit bloßem Auge gar nicht sehen kann.

Vierzehn Tage, also etwa die gesamte erste Zyklushälfte, dauert es, bis die Eizelle reif ist. Dann springt sie vom Eierstock in den Trichter des Eileiters. Das nennt man **Eisprung.**

Vier Tage lang braucht das Ei, um durch den Eileiter bis in die Gebärmutter zu wandern. Dort hat sich mittlerweile eine dicke Schleimhaut auf dem Muskelgewebe der Gebärmutter gebildet.

Wenn die Eizelle nicht befruchtet wurde, stirbt sie ab. Der Körper „merkt" das und macht alle Vorbereitungen, die er für ein Baby getroffen hat, wieder rückgängig.

Etwa vierzehn Tage nach dem Eisprung bildet sich deshalb die Schleimhaut in der Gebärmutter zurück. Zusammen mit der abgestorbenen Eizelle wird sie vom Körper ausgeschieden. Ein Gemisch aus Blut und Schleim fließt dann aus der Scheide. Das ist die **Menstruation.**

Oft wird diese Blutung **Regel** oder **Periode** genannt, weil sie regelmäßig immer wieder kommt. Viele Frauen reden aber auch einfach von ihren „Tagen". Das ist ganz logisch zu erklären, denn ungefähr vier bis sechs Tage lang dauert die Blutung. So viel Blut verliert eine Frau dabei gar nicht, wie man denken könnte. Von den durchschnittlich vier kleinen Schnapsgläsern voll Flüssigkeit ist mindestens die Hälfte Schleim.

Viele Frauen spüren an ihren Tagen ein Ziehen im Unterleib. Manchmal kann das sogar richtig weh tun. Das liegt daran, daß sich die Muskeln in der Gebärmutter zusammenziehen, um die unbefruchtete Eizelle, Blut und Schleim besser loszuwerden.

Mädchen und Jungen werden erwachsen

Wann geht es endlich los?

„Warte, bis du groß bist...“ – diesen Satz bekommen alle Kinder oft genug zu hören. Aber wann ist man eigentlich groß? Wann wird man endlich erwachsen?

Bei den meisten Jungen beginnt das Erwachsenwerden, die **Pubertät,** mit ungefähr zwölf Jahren, bei den Mädchen oft sogar schon nach dem zehnten Geburtstag. Der Körper fängt dann langsam an, sich zu verändern. Auf den nächsten Seiten wollen wir euch ausführlich erklären, was in dieser aufregenden Zeit alles mit dem Körper passiert.

Wann es mit den Veränderungen losgeht, ist bei jedem anders. Man kann zwar sagen, in welchem Alter sich bei den meisten etwas tut, aber das eine Kind kommt früher in die Pubertät, das andere später. Es ist also ganz normal, wenn es zwischen euch und euren gleichaltrigen Freunden oder Freundinnen Unterschiede gibt.

Mit ihnen könnt ihr ganz gut über vieles sprechen, was in der Pubertät passiert. Nur wissen die meistens auch nicht mehr als ihr. Oft erzählen sie dann irgendwelche Halbwahrheiten, weil Sie nicht zugeben wollen, daß sie auch nicht recht Bescheid wissen.

Wenn euch mal etwas seltsam vorkommt, dann solltet ihr lieber eure Eltern fragen. Obwohl es manchmal gerade in dieser Zeit gar nicht so einfach ist, mit ihnen gut auszukommen. Die kriegen es nicht sofort mit, daß aus ihren Kindern jetzt Erwachsene werden. Aber viele Jungen und Mädchen wollen von Eltern oder Lehrern nicht mehr wie kleine Kinder behandelt werden. Nicht selten kommt es deshalb zu Streitereien.

Damit es bei euch keinen Streß mit den Eltern gibt, solltet ihr in dieser Zeit viel Geduld mit ihnen haben. Sie müssen – genauso wie ihr – erst lernen, daß ihr gerade erwachsen werdet.

Was mit dem Körper des Jungen passiert

Meistens beginnen die Veränderungen bei den Jungen zwischen dem zehnten und zwölften Lebensjahr. Mit achtzehn ist die Pubertät und damit das Wachstum fast immer vollständig abgeschlossen.

Alles geht damit los, daß die Hoden und der Hodensack wachsen. Erst rund ein Jahr später wird auch das Glied größer.

Wenn Hoden und Glied wachsen, werden in den Hoden die **Hormone** gebildet. Die kann man sich als winzig kleine Briefe vorstellen, die im Körper herumschwimmen. Und mit diesen kleinen Briefen teilen die Hoden allen anderen Körperteilen mit, daß aus dem Jungen jetzt ein Mann werden soll. So erfahren die Knochen, daß sie wachsen sollen, und zwar schnell. Deshalb werden Jungen, wenn sie in die Pubertät kommen, meistens sehr rasch größer.

An der Wurzel vom Glied und um den Hodensack herum wachsen die ersten Schamhaare, bald darauf auch in den Achselhöhlen. Endlich, meist so um den 15. Geburtstag herum, sprießen dann über der Oberlippe die ersten Barthaare.

Im Hals lassen die Hormone den Kehlkopf, den jeder Mensch zum Sprechen braucht, größer werden. Die Stimmbänder im Kehlkopf werden länger, und die Stimme verändert sich: Sie wird tiefer und rauher und hört sich viel männlicher an. Während die Stimmbänder wachsen, kann das erst mal sehr komisch klingen. Manchmal wird die Stimme heiser oder hört sich ein bißchen wie bei Mickymaus an. Dann sagt man, der Junge ist gerade im **Stimmbruch.**

Im Oberkörper lassen die Hormone die Brustwarzen etwas wachsen. Manchmal kommt es für einen längeren Zeitraum zu einer Schwellung um die Brustwarzen herum. Das kann weh tun, aber es ist ganz normal und verschwindet meistens von allein wieder.

„Feuchte Träume"

Die Hormone können einen Jungen auch ganz schön ärgern: In der Pubertät kommt es nämlich oft vor, daß sich plötzlich ganz ohne Grund das Glied versteift. Manchmal wacht man auch morgens mit einem steifen Glied auf. So etwas ist nicht ungewöhnlich, und meistens wird das Glied auch schon nach wenigen Augenblicken wieder kleiner. Außerdem kommen solche überraschenden Erektionen zum Ende der Pubertät immer seltener vor.

Mit der Pubertät beginnt die Produktion der Samenzellen in den Hoden. Jeden Tag wachsen dort jetzt neue Samenzellen heran und sammeln sich zunächst in den Nebenhoden. Aber irgendwann werden es zu viele. Der Körper muß sie loswerden, und das macht er ganz automatisch. Der Junge hat dann nachts von allein einen Samenerguß. Die ersten „feuchten Träume" bekommt er irgendwann zwischen seinem 13. und 15. Geburtstag. Jetzt kann er selbst Kinder zeugen.

Was mit dem Körper des Mädchens passiert

Bei den meisten Mädchen beginnt die Pubertät zwei Jahre früher als bei den Jungen. Zuerst merkt ein Mädchen, daß sich seine Brustwarzen verändern: Sie werden größer und treten ein wenig hervor. Das passiert oft schon um den zehnten Geburtstag herum.

In den folgenden Jahren beginnt sich der Busen zu bilden. Aber das geht sehr langsam, oft dauert die Entwicklung bis zum 17. oder 18. Geburtstag. Während dieser Zeit kommt es häufig vor, daß die Brüste unterschiedlich aussehen. Das kann sich bis zum „ausgewachsenen" Busen noch ändern. Doch es gibt auch erwachsene Frauen, bei denen eine Brust größer ist als die andere.

In der ersten Zeit der Brustentwicklung verspüren Mädchen sehr oft ein Spannungsgefühl im Busen. Manchmal sind die Brustwarzen sehr empfindlich. Es kann scheuern und weh tun, wenn sie an der Kleidung reiben. Am besten ist es dann, einen BH anzuziehen und ihn über den Brustwarzen mit etwas Watte auszupolstern.

Zur gleichen Zeit, in der sich die Brust zu verändern beginnt, wachsen die Geschlechtsorgane des Mädchens. Die Gebärmutter und die Eierstöcke, aber auch die Schamlippen werden größer. Und wie in den Hoden des Jungen werden jetzt auch in den Eierstöcken des Mädchens Hormone produziert, die überall im Körper für das Erwachsenwerden sorgen. Dabei setzt wie bei den Jungen ein Wachstumsschub ein.

Wenn sich der Busen zu entwickeln anfängt, wachsen beim Mädchen die ersten Schamhaare am Venushügel. Erst zwei Jahre später kann man auch unter den Armen die ersten Achselhaare sehen. Bis die Schambehaarung beim Mädchen so aussieht wie bei einer erwachsenen Frau, dauert es meist bis zum 17. Geburtstag.

Die erste Regel

Etwa zwei Jahre nach dem Beginn der Pubertät setzt für die Mädchen die spannendste Entwicklung ein. Der Körper bereitet sich auf den Monatszyklus und die erste **Regelblutung** vor. Die Schleimhäute in der Gebärmutter bilden eine durchsichtige, weißliche Flüssigkeit, die aus der Scheide herausfließt. Dazu sagt man **Weißfluß.**

Viele Mädchen erschrecken über den Weißfluß. Aber dazu besteht kein Grund. Nur dann, wenn die Flüssigkeit sehr unangenehm riecht, sich dunkel färbt oder die Schamlippen jucken und brennen, sollte man zum Arzt gehen.

Sechs bis zwölf Monate nach dem Weißfluß setzt die erste Regelblutung ein. Einige Mädchen bekommen sie schon mit neun, andere erst mit sechzehn Jahren. In jedem Fall ist das ein ganz wichtiges Ereignis, auf das alle Mädchen sehr stolz sein können. Denn ab jetzt sind sie keine Kinder mehr, sondern junge Frauen, die selbst Kinder bekommen können.

Am Anfang ist die Regelblutung meist noch sehr unregelmäßig. Aber spätestens zum Ende der Pubertät, meistens bis zum 17. Lebensjahr, stellt sich ein Vier-Wochen-Rhythmus ein.

Alle sind gleich – und doch ist jeder anders

Wenn sich der Körper in der Pubertät verändert, ist das eine aufregende Sache. Und jeder ist dann neugierig, ob dieselben Dinge auch bei den Freunden und Mitschülern passieren. Die Mädchen achten zum Beispiel im Schwimmbad vor allem darauf, ob bei den anderen auch schon der Busen wächst. Und die Jungen vergleichen, ob die anderen ein größeres Glied haben.

Manche Mädchen geben vor den anderen an, daß sie schon einen richtig großen Busen haben. Und einige Jungen sind furchtbar stolz darauf, daß ihr Glied schon viel größer ist als das der anderen. Aber das kann sich ändern. Manchmal bekommen die Mädchen, deren Brust langsamer wächst, später einen viel schöneren Busen. Und manche Jungen nehmen die Länge des Gliedes sowieso viel zu wichtig.

Außerdem ist es zwar richtig, auf seinen Körper stolz zu sein, aber ob ihr später einmal eine „tolle Frau" oder ein „toller Mann" werdet, hängt auch von anderen Dingen ab: Ob ihr klug, herzlich, verständnisvoll, eben richtig sympathisch seid.

Keiner mag darüber sprechen

Eigentlich ist es ganz normal, neugierig zu sein. Deshalb ist es auch gut und wichtig, daß Kinder ihren eigenen Körper kennenlernen wollen. Und dazu gehört, daß man sich selbst anfaßt. Jedes Mädchen und jeder Junge stellt dann etwas ganz Besonderes fest: Daß es ein tolles Gefühl sein kann, seine Geschlechtsteile zu berühren.

Vielleicht habt ihr es ja selbst schon mal probiert und an euren Geschlechtsteilen herumgespielt. Wenn das schöne Gefühl dabei so viel Lust macht, daß man gar nicht wieder aufhören mag, nennt man das **Selbstbefriedigung** oder **Onanie.**

Auch Erwachsene streicheln sich selbst an den Geschlechtsteilen, um solche Gefühle zu spüren. Nur reden die wenigsten darüber, und einige sagen, Selbstbefriedigung sei unanständig. Oft erzählen sie allerlei unsinnige Sachen, damit die Kinder Angst davor bekommen, sich selbst zu streicheln. Aber Sprüche wie „Selbstbefriedigung macht krank und dumm" sind eine glatte Lüge. Auch Geschichten wie „Davon bekommt man Pickel" oder „Die Geschlechtsteile hören auf zu wachsen" sind nur Schauermärchen.

Onanie ist ein ganz natürliches Bedürfnis, das jeder Mensch hat.

Richtige Körperpflege

Viele bekommen Probleme mit der Haut

Besonders unangenehm an der Pubertät ist für viele Jungen und Mädchen, daß die Haut verrückt spielt. In den Talgdrüsen bildet sich viel zuviel Hautfett. Das sieht man daran, daß die Haut vor allem im Gesicht zu glänzen beginnt. Durch das Hautfett können die Talgdrüsen verstopfen. Solche verstopften Drüsen mit einem kleinen schwarzen Punkt darauf nennt man **Mitesser.** Manchmal entzünden sie sich, und aus den Mitessern entstehen dicke, rote **Pickel,** die sich mit Eiter füllen. Ärzte nennen diese Hautkrankheit **Akne.** Am schlimmsten ist sie leider da, wo man die Pickel auch sieht: im Gesicht, am Rücken und den Schultern.

An den Pickeln solltet ihr nicht herumdrücken. Sie öffnen sich meistens von selbst. Wer mit Gewalt vorgeht, bekommt Narben, die nicht mehr verschwinden. Wenn die Akne sehr schlimm wird oder zum Ende der Pubertät noch keine Besserung zu sehen ist, können Haut- und **Frauenärzte** helfen.

Wenn Jungen oder Mädchen unter Akne leiden, sagt man manchmal auch, sie hätten eine unreine Haut. Aber damit sind nur die vielen Mitesser und Pickel gemeint. Es heißt nicht, daß die Haut zuwenig gewaschen wird. Im Gegenteil: Zuviel Waschen mit normaler Seife ist schlecht für die Haut. Dadurch können noch mehr Pickel entstehen. Besser ist es, sich vom Hautarzt ein spezielles Hautwaschmittel verschreiben zu lassen.

LOVE-STORY

NACH WOCHENLANGEM ZÖGERN WAR KALLE AM ZIEL SEINER WÜNSCHE: ER HATTE EINE VERABREDUNG MIT SABINE.
AAAAH, WIE SEH' ICH AUS...?
EIN STREUSELKUCHEN IST NICHTS DAGEGEN.
DAS ZEUG MUSS WEG, KOSTE ES, WAS ES WOLLE.
PEELING
RUBBEL
RUBBEL RUBBEL
BE-RUHIGUNGS-MASKE
EISKALT
AM BESTEN ICH GEH' GAR NICHT HIN.
10 MINUTEN SPÄTER
HALLO KALLE!
ICH LIEBE STREUSELKUCHEN.

Nicht zuwenig und nicht zuviel

Manchmal hat man Glück. Dann merken die Eltern nicht, daß man vor dem Badezimmerspiegel nur ein paar Grimassen geschnitten und dabei das abendliche Waschen ganz „vergessen" hat. Aber gerade in der Pubertät solltet ihr euch besonders gründlich waschen. Die Haut produziert mehr Fett und Schweiß, und so kann es Hautunreinheiten geben, oder man riecht unangenehm.

Also: Vor allem unter den Armen und zwischen den Beinen ist regelmäßiges Waschen angesagt!

Macht aber nicht den Fehler, euch an den Geschlechtsteilen mit viel Seife zu waschen. Sie zerstört den natürlichen Säureschutzmantel der Haut. Auch bei Jucken und Brennen nützt Seife nichts. Im Gegenteil: Sie reizt die Haut noch mehr, und alles wird schlimmer.

Besser ist es, sich nur mit lauwarmem Wasser und einer milden Lotion zu waschen. Wer das jeden Tag zweimal macht, kann auf Seife an den Geschlechtsteilen ganz verzichten. Viele Reizungen, also wenn's weh tut, werden übrigens nur durch zu häufiges Waschen mit Seife ausgelöst.

Speziell für Jungen

Glied und Hodensack sollten jeden Tag zweimal gewaschen werden. Besonders beim Glied müßt ihr sehr sorgfältig sein. Die Vorhaut wird dazu vorsichtig zurückgezogen, denn darunter kann sich von der Samenflüssigkeit ein gelblich-weißer Belag bilden, der unangenehm riecht. Mit lauwarmem Wasser läßt er sich leicht abwaschen.

Mit Seife ist an dieser Stelle besondere Vorsicht geboten, denn sie kann die empfindliche Haut reizen. Besser ist eine milde Waschlotion ohne Seife und Parfüm.

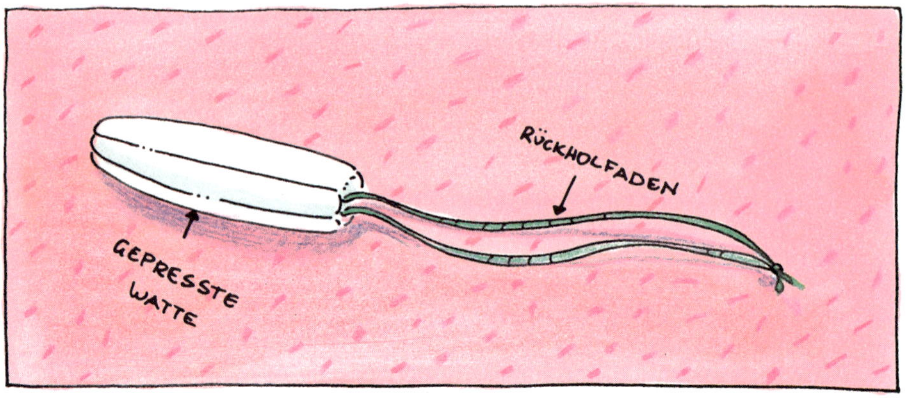

DER TAMPON

Der **Tampon** ist ein Zäpfchen aus gepreßter Watte. Er wird in die Scheide geschoben. Dort saugt er die Menstruationsflüssigkeit auf. Am Rückholfaden kann man ihn wieder herausziehen. Es gibt ihn in verschiedenen Größen und mit einer Einführhülse aus Pappe.

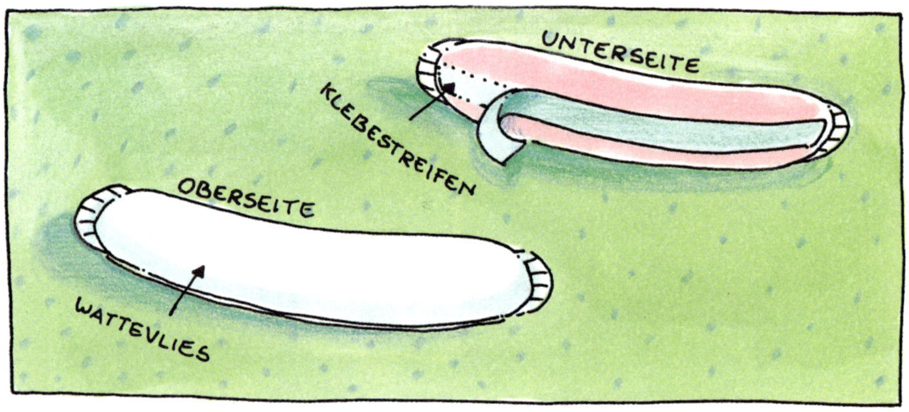

DIE SLIPEINLAGE

Die **Slipeinlage** besteht aus Wattevlies. Sie ist klein und dünn und wird mit einem Klebestreifen in den Slip geklebt. Sie eignet sich gut als zusätzlicher Schutz zum Tampon. In den letzten Tagen der Periode reicht sie oft schon allein aus.

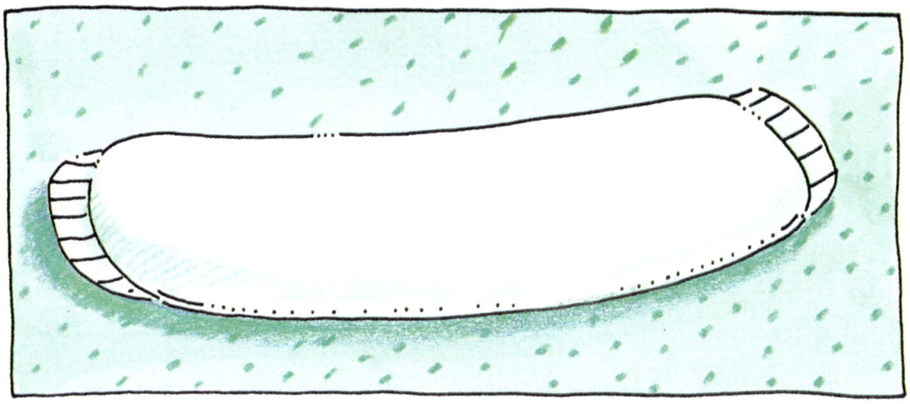

DIE BINDE

Die **Hygienebinde** besteht wie die Slipeinlage aus Wattevlies und einem Wäscheschutz aus Plastik, ist aber größer und dicker. Sie genügt schon allein als Blutungsschutz an allen Tagen der Regel. Die Binde gibt es in den verschiedensten Ausführungen und Größen.

Speziell für Mädchen

Im **Intimbereich,** so nennt man den gesamten Unterleib vom Venushügel bis zur Darmöffnung am Po, sollten Mädchen und Frauen beim Waschen sparsam mit der Seife sein. Die empfindliche Haut der Schamlippen kann sonst gereizt werden, jucken und brennen. Und in die Scheide soll schon gar keine Seife hineinkommen. Für eine gründliche Reinigung auch während der Monatsblutung braucht man eigentlich nur warmes Wasser und höchstens eine milde Waschlotion.

Ein richtiger Blutungsschutz während der Periode ist allerdings sehr wichtig. Eine Frau hat dabei mehrere Möglichkeiten: Sie kann spezielle Hygienebinden nehmen, die fast wie kleine Windeln in das Höschen gelegt werden.

Obwohl es diese Binden in verschiedenen Größen gibt, können sie stören, zum Beispiel beim Sport. Dann kann die Frau Tampons verwenden. Sie werden in die Scheide geschoben und sind da gar nicht zu spüren. Tampons saugen die Menstruationsflüssigkeit schon im Körper auf, und dann können sie an einem kleinen Faden wieder herausgezogen werden.

Jede Frau kann einen Tampon verwenden, denn es gibt ihn in verschiedenen Größen. Sogar ganz junge Mädchen müssen nicht darauf verzichten, denn die extra kleinen Tampons passen durch die kleine Öffnung in der Jungfernhäutchen.

Tampons und Binden müssen mehrmals am Tag gewechselt werden – je nachdem wie stark die Blutung ist. Am besten ist es, die ersten Binden und Tampons gemeinsam mit der Mutter zu kaufen. Sie kann euch sicher noch ein paar Tips „von Frau zu Frau" geben.

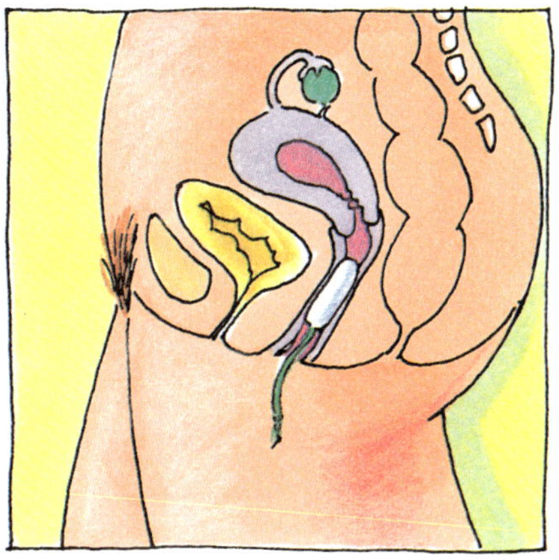

Der Tampon saugt die Menstruationsflüssigkeit schon in der Scheide auf.

Liebe – und was dazugehört

Liebe – was ist das denn genau?

Oft wissen nicht einmal Erwachsene eine Antwort, wenn sie gefragt werden, was Liebe ist. Das ist auch nicht so einfach zu sagen. Liebe sind viele unheimlich schöne, manchmal auch schreckliche Gefühle, die man für einen Menschen empfindet.

Es gehören nicht immer unbedingt ein Mann und eine Frau zur Liebe, obwohl das meistens so ist. Auch zwei Männer oder zwei Frauen können ein Liebespaar sein. Das ist homosexuelle Liebe. Männer, die Männer lieben, nennt man **Schwule.** Frauen, die Frauen lieben, nennt man **Lesbierinnen** oder **Lesben.**

Manche Leute verstehen einfach nicht, daß es so etwas gibt, und verspotten **Homosexuelle.** Dafür gibt es gar keinen Grund. Schließlich kann sich jeder selbst aussuchen, wen er lieben will.

Wenn du dich verliebt hast, merken das oft sogar die anderen zuerst. Plötzlich redest du nur noch von diesem bestimmten Jungen oder Mädchen. Du versuchst, in seiner oder ihrer Nähe zu sein, und beobachtest sie oder ihn, sooft es geht. Du fragst alle möglichen Leute nach dem Angebeteten oder der Angebeteten. Und alles andere ist auf einmal ganz unwichtig. Selbst die tollsten Spiele und die aufregendsten Fernsehsendungen interessieren dich nicht mehr.

Aber wenn du dich so richtig verliebt hast, spürst du auch noch andere Dinge: Das Herz klopft ganz wild, sobald du nur an den anderen denkst. Wenn du *ihn* oder *sie* siehst, wirst du vor Aufregung ganz zittrig und kannst kaum noch sprechen. Und dann kann es passieren, daß du auch noch fast jede Nacht von deiner großen Liebe träumst!

Liebe ist …

… wie Schmetterlinge im Kopf.

… wie Flugzeuge im Bauch.

… wie auf rosa Wolken schweben.

… wie ein Spaziergang im Schlaraffenland.

… wie ein brennender Eiswürfel.

… wie Sonnenschein in der Nacht.

… wie eine Krankheit, für die es keine Medizin gibt.

Über Verliebte sagt man, sie …

… sind total verknallt.

… haben nur noch Augen und Ohren für die eine oder den einen.

… vergessen die ganze Welt um sich herum.

… sehen alles durch eine rosa-rote Brille.

… hören ständig Glocken klingen.

… haben nur noch Zuckerwatte im Kopf.

… können keinen klaren Gedanken fassen.

Wie sage ich es bloß . . .

Am Anfang ist es ganz schön schwierig, mit dem anderen darüber zu sprechen. Natürlich kann jeder einfach hingehen und sagen: „Du, ich habe mich in dich verliebt." Aber das kostet schrecklich viel Mut.

Wenn du dich nicht traust, etwas zu sagen, kannst du deine Liebe auch zeigen. Man gibt sich Mühe, dem anderen zu gefallen, sagt ihm durch Blicke, wie sehr man ihn mag, hört ihm zu oder freut sich mit ihm gemeinsam über schöne Sachen.

Es kann aber auch sein, daß *er* oder *sie* trotzdem nicht merkt, wie sehr du verliebt bist. Dann helfen nur noch kleine Tricks, *ihn* oder *sie* darauf aufmerksam zu machen: Du kannst deinen besten Freund oder die beste Freundin als Liebesboten einsetzen. Oder du schreibst einen kleinen Liebesbrief. Bestimmt fällt dir irgend etwas Originelles ein.

Schlimm ist es nur, wenn der andere auch auf solche Tricks überhaupt nicht reagiert. Meistens will er sich dann gar nicht verlieben. Oder er ist schon in jemand anderen verliebt.

Wenn man jemanden liebt und selbst nicht von ihm geliebt wird, tut das oft sehr weh. Leider kann man dagegen nichts tun, und jeder wird solchen Liebeskummer irgendwann einmal erleben. Dann ist es gut, wenn man mit jemandem darüber sprechen kann: mit einer Freundin oder einem Freund, vielleicht auch mit älteren Geschwistern oder den Eltern.

Der Schmerz und die Traurigkeit darüber, nicht geliebt zu werden, gehören genauso zur Liebe wie Freude und Herzklopfen. Denn Liebe ist so eine seltsame Mischung aus Glücklichsein und Angst, weil man sich immer ein bißchen davor fürchtet, den anderen zu verlieren.

Liebe braucht Ruhe und viel Zeit

Zur Liebe gehört immer ein Wunsch: daß man so oft wie möglich mit dem anderen zusammen ist. Aber auch das genügt den Verliebten noch nicht. Ganz nah wollen sie sich sein. Das ist sehr wichtig. Denn wer verliebt ist, steckt voller Neugier. Alles möchte man über den anderen wissen. Man möchte ihn sehen, hören, riechen und anfassen.

Wer zum erstenmal die Hand des anderen berührt oder ihm sanft über die Haare streicht, kann die tollen Gefühle dabei meistens kaum beschreiben. Manche sagen, die ersten Berührungen sind wie ein elektrischer Schlag. Oder so, wie wenn zu Silvester ein Knallfrosch losgeht. Ein eigenartiges Kribbeln geht durch den ganzen Körper, von der Haarwurzel bis in die Zehenspitzen. Oder es ist so, wie wenn heißes und kaltes Wasser zugleich langsam über den Rükken laufen. Die Knie fangen an zu zittern, und man glaubt gleich umzukippen.

Je näher man sich kommt, je mehr man sich berührt, desto verrückter wird dieses Gefühl. Und wenn sich beim Küssen die Lippen berühren, hat mancher schon mal für ein paar Augenblicke das Atmen vergessen.

Damit sich die Verliebten auf diese Gefühle wirklich ganz und gar konzentrieren können, brauchen sie viel Ruhe und Zeit. Liebe verträgt keine Eile. Und es ist ganz wichtig, sie Schritt für Schritt zu erfahren. Je langsamer es geht, desto besser lernt man den anderen kennen. Und wenn einer von beiden es dabei zu eilig hat, dann kann es keine wirkliche Liebe sein. Denn Liebe bedeutet, immer nur das zu tun, was auch der andere möchte.

Manchmal scheinen gerade die Erwachsenen das zu vergessen. Es kommt immer wieder vor, daß Erwachsene, hauptsächlich Männer, Kinder oder Jugendliche zur Liebe zwingen. Sie wollen dann alles tun, was sonst nur Liebespaare machen: streicheln, küssen und miteinander schlafen. Aber das hat überhaupt nichts mit Liebe zu tun, sondern ist ein Verbrechen. Wenn ihr es nicht wollt, braucht ihr euch von niemandem anfassen zu lassen, auch nicht von Verwandten oder Bekannten.

Mädchen und Frauen sind am meisten gefährdet. Mit Gewalt bringen manche Männer sie dazu, mit ihnen zu schlafen. **Vergewaltigung** nennt man das. Aber auch Jungen werden sexuell mißbraucht.

Wenn ihr sexuell belästigt werdet, dürft ihr es nicht für euch behalten – auch wenn es schwerfällt und ihr euch schämt. Redet mit der besten Freundin oder dem Freund, mit euren Eltern oder Großeltern oder eurem Lieblingslehrer darüber. Die Polizei hilft auf alle Fälle weiter.

Streicheln und Küssen sind wunderschön

Die meisten Jungen und Mädchen verlieben sich viele Male, ehe sie erwachsen sind. Wenn sie dann ein bißchen älter werden und eine Liebe viele Wochen oder Monate anhält, genügt es ihnen irgendwann nicht mehr, sich nur zu küssen und in den Arm zu nehmen. Denn die Gefühle beim Streicheln und Schmusen sind so schön, daß beide noch mehr davon möchten.

Sie haben das Verlangen, sich auszuziehen und am ganzen Körper zu streicheln, auch an den Geschlechtsteilen. Und das Gefühl, das beide dabei verspüren, ist noch viel schöner. Sie werden sexuell erregt, und dabei verändert sich der Körper: Beim Mann wird das Glied größer und härter, er bekommt eine Erektion. Manchmal kommen dabei sogar schon einige Tropfen Flüssigkeit aus der Eichel heraus. Sie werden **Freudentröpfchen** genannt.

Auch der Körper der Frau verändert sich. Der Kitzler und die Schamlippen werden größer, und die Scheide wird feucht. Damit haben sich die Körper der beiden Liebenden auf den **Geschlechtsverkehr** vorbereitet.

Aber oft wollen Jungen und Mädchen, wenn sie zum ersten Mal den Körper des anderen ganz und gar entdecken, noch gar nicht miteinander schlafen. Es genügt ihnen oft, den anderen überall zu streicheln und dabei die schönen Gefühle zu genießen. Das nennt man **Petting.**

Was beim Geschlechtsverkehr passiert

Auf dem Höhepunkt ...

Irgendwann ist der Wunsch da, miteinander zu schlafen. Dann schiebt der Mann sein Glied in die Scheide der Frau.

Die Vorhaut ist dabei zurückgestreift. Die empfindliche Eichel an der Spitze des Gliedes wird dadurch noch mehr erregt. Zugleich werden die Schamlippen der Frau, der Scheideneingang und der Kitzler sowie seine Umgebung durch das Glied des Mannes gereizt.

Das ist für beide ein so schönes Gefühl, daß es sich kaum beschreiben läßt. Und weil beide von diesem Gefühl immer noch mehr haben wollen, zieht der Mann sein Glied immer wieder ein kleines Stückchen aus der Scheide heraus und schiebt es dann wieder hinein. Mann und Frau wissen dabei kaum noch, wie sie ihre Freude ausdrücken sollen. Sie fangen an zu stöhnen, zu lachen, manchmal schreien oder kichern sie auch ganz albern dabei. Und es kommt auch vor, daß sie vor Glück zu weinen beginnen.

Schließlich kommen Mann und Frau auf den Höhepunkt ihrer Gefühle. Sie erleben einen **Orgasmus.** Dabei hat der Mann einen Samenerguß. Aus seinem Glied spritzt das Sperma mit den Samen, die in den Hoden produziert wurden. Viele hunderttausend, manchmal sogar mehrere Millionen **Samenfäden** werden so aus dem Glied in die Scheide der Frau transportiert.

Das erste Mal

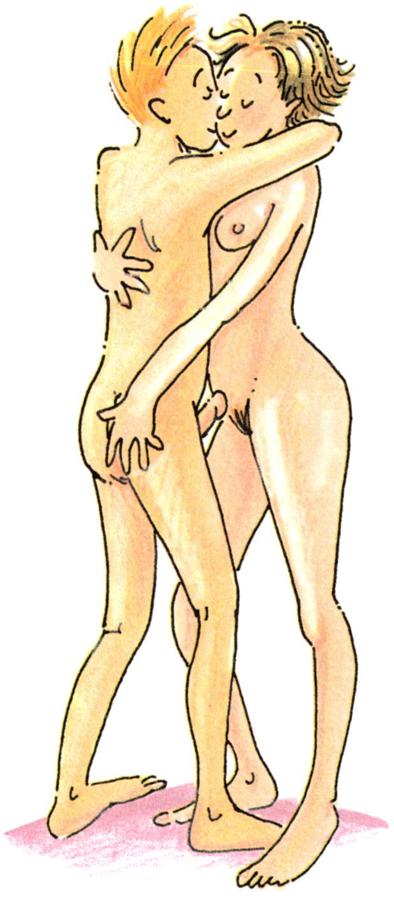

Du und dein Partner solltet nicht zuviel von eurem ersten richtigen Geschlechtsverkehr erwarten. Es ist beim ersten Mal nicht einfach, sich zu lieben. Und sehr oft wird es gar nicht so schön, wie beide es sich vorstellen. Oft liegt es daran, daß das Liebespaar zuwenig Zeit hat und nicht ungestört ist.

Außerdem kommt noch die große Aufregung dazu. Beim Mann kann sie sogar dazu führen, daß er das Glied nicht mehr in die Scheide der Frau stecken kann; es wird plötzlich wieder kleiner und weich. Aber das ist völlig normal und kann jedem passieren. Auch bei der Frau können auf einmal alle schönen Gefühle weg sein.

Ganz oft kommt es vor, daß man beim ersten Mal Angst davor hat, etwas falsch zu machen. Plötzlich sind beide so angestrengt wie bei einer schwierigen Klassenarbeit. Dann können sie sich gar nicht mehr auf die Zärtlichkeit und das schöne Gefühl der Liebe konzentrieren und werden ganz ernst.

Damit das alles nicht passiert, sollten sich Mann und Frau ganz langsam mit dem Körper des anderen vertraut machen. Sprecht miteinander und sagt, was ihr schön findet und was nicht, wovor ihr Angst habt und wo ihr unsicher seid. Nur dann kommt zu der Zärtlichkeit auch das Vertrauen, das ihr für die Liebe braucht.

Auf gar keinen Fall gibt es für ein Liebespaar den Zwang, miteinander zu schlafen. Auch Zärtlichkeiten mit Streicheln und Küssen können wunderschön sein. Wenn man sich unter Druck setzt und meint, unbedingt miteinander schlafen zu müssen, verkrampfen sich die Körper.

Hinzu kommt, daß es für das Mädchen beim ersten Mal weh tun kann. Das Jungfernhäutchen, das bei jungen Mädchen die Scheide bis auf ein kleines Loch verschließt, zerreißt. Deshalb blutet das Mädchen meistens sogar ein wenig. Das ist an sich nicht schlimm. Aber wenn es sehr weh tut, ist es besser, aufzuhören und den ersten Versuch auf einen anderen Tag zu verschieben.

Jeder Junge und jedes Mädchen muß die Liebe erst lernen. Und das geht am besten, wenn sie sich gegenseitig helfen. Es ist also wichtig, immer über alles zu sprechen, auch wenn schwerfällt.

Der schnellste Samen gewinnt

Mit dem Samenerguß des Mannes ist das Sperma nun in der Scheide der Frau. Von dort schwimmen die Samen durch die Gebärmutter bis hinein in die Eileiter. Immer sind sie dabei auf der Suche nach einer befruchtungsfähigen Eizelle. Finden sie eine, bohrt sich der schnellste Samen in die Eizelle hinein und verschmilzt mit ihr. Die Eizelle ist nun befruchtet. Sofort wird die Eihülle dann undurchdringbar für alle weiteren Samen.

Fast immer findet diese **Befruchtung** im oberen Teil des Eileiters statt. Denn nur dort sind die Eizellen der Frau befruchtungsfähig, durchschnittlich bis zu 24 Stunden nach dem Eisprung. Die Samen dagegen können bis zu drei Tage im Körper der Frau lebensfähig bleiben. Die Eizelle kann also auch noch Tage nach dem Geschlechtsverkehr befruchtet werden.

Die mit dem Samen verschmolzene Eizelle wandert jetzt durch den Eileiter in die Gebärmutter und nistet sich dort in der Schleimhaut ein. Aus dem winzigen Ei beginnt ein Baby zu wachsen: Die Frau ist **schwanger.**

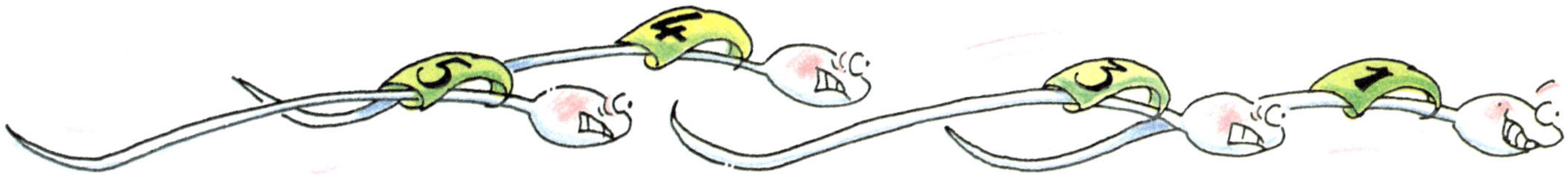

Wie ein Samenfaden aussieht

Die Flüssigkeit, die bei einem Samenerguß aus dem Glied herausgeschleudert wird, sieht meistens milchig weiß aus. Sie kann dünn oder zäh und klebrig sein. Aber sie besteht nur zum kleinsten Teil aus den wirklichen Samenfäden des Mannes. Der größte Teil ist eine Gleit- und Nährflüssigkeit, die die Samen am Leben hält und dafür sorgt, daß sie im Körper der Frau schwimmen können.

Wenn man weiß, daß bei einem einzigen Samenerguß viele hunderttausend oder sogar mehrere Millionen einzelne Samen den Körper des Mannes verlassen, kann man sich vorstellen, wie winzig klein ein einzelner Samenfaden ist. Nicht mal mit einer Lupe kann man ihn sehen. Erst unter einem Mikroskop erkennt man genau, daß jeder Samenfaden so ähnlich aussieht wie eine Kaulquappe. Der Samen hat einen Kopf, in dem sich der Zellkern befindet. Er ist für die Befruchtung der weiblichen Eizelle wichtig, denn er entscheidet mit, wie das Baby aussehen soll. Der Schwanz des Samens kann sich wie bei einem Fisch ganz schnell bewegen und sorgt dafür, daß der Samen durch die Scheide bis in die Gebärmutter und die Eileiter der Frau schwimmen kann.

1 Kopf mit Zellkern
2 Mittelstück
3 Schwanz

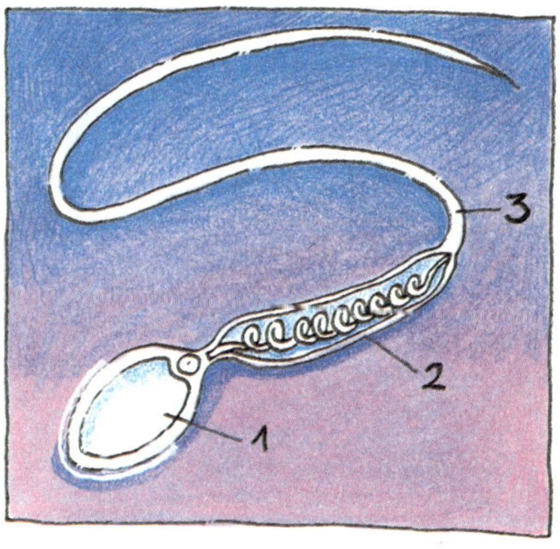

Zweimal Zwillinge

Bestimmt hast du schon mal **Zwillinge** gesehen. Schließlich bekommt von 80 Frauen, die schwanger sind, eine Frau nicht nur ein Baby, sondern gleich zwei auf einmal. Vielleicht hast du auch Zwillinge an deiner Schule oder unter deinen Freunden. Wer sogar mehrere Zwillingspärchen kennt, kann manchmal eine merkwürdige Beobachtung machen: Einige sehen sich zum Verwechseln ähnlich, andere Zwillingspärchen überhaupt nicht. Manchmal sind es zwei Jungen oder Mädchen, es gibt aber auch Pärchen mit einem Jungen und einem Mädchen.

Der Grund dafür ist, daß es zwei verschiedene Arten von Zwillingen gibt: eineiige und zweieiige.

... WIE EIN EI DEM ANDEREN

Es kann vorkommen, daß sich eine Eizelle teilt, sofort nachdem sie durch einen männlichen Samen befruchtet wurde. Durch so eine Teilung geht sie aber nicht kaputt. Im Gegenteil: Es entstehen zwei voll lebensfähige, befruchtete Eizellen. Beide nisten sich in der Gebärmutter ein. Nebeneinander wachsen dort zwei Babys. Sie haben beide das gleiche Geschlecht, es sind also zwei Mädchen oder zwei Jungen. Und die beiden Brüder oder Schwestern werden sich später sehr ähnlich sehen. Denn sie stammen ja aus einem Ei. Aus dem, das sich nach der Befruchtung geteilt hat. Die Kinder sind **eineiige Zwillinge.**

Zweieiige Zwillinge können entstehen, wenn sich zufällig in beiden Eileitern einer Frau je eine lebensfähige Eizelle befindet und beide befruchtet werden. Auch hier entstehen zwei Babys, aber sie können ganz unterschiedlich aussehen, da sie sich aus zwei völlig verschiedenen Samen und Eizellen entwickelt haben.

GLIED	Penis
HODEN	Testis
GLIEDVERSTEIFUNG	Erektion
SAMENERGUSS	Ejakulation
SAMENFLÜSSIGKEIT	Ejakulat
HODENSACK	Skrotum
VENUSHÜGEL	Mons pubis
GEBÄRMUTTER	Uterus
SCHEIDE	Vagina
SCHAMLIPPEN	Vulva
KITZLER	Klitoris
MONATSBLUTUNG	Menstruation
GESCHLECHTSVERKEHR	Koitus
KONDOM	Präservativ

Liebe will man oft – Babys nicht immer

Wahrheiten und Halbwahrheiten übers Kinderkriegen

Ihr wißt nun schon, wie eine Frau schwanger werden kann: Ein Samenfaden des Mannes kommt bis zur Eizelle der Frau und befruchtet diese.

Wenn das Glied des Mannes in die Scheide der Frau gesteckt wird, haben es die Samenfäden sehr leicht, das Ei zu erreichen. Das Risiko, bei der Liebe ungewollt ein Kind zu zeugen, ist also sehr groß. Viel größer, als die meisten Jungen und Mädchen glauben.

Deshalb kommt es oft vor, daß beim Geschlechtsverkehr auch ungewollt Babys gezeugt werden. Manchmal sind schon zwölfjährige Mädchen schwanger geworden. Das ist natürlich ein extremer Fall, aber auch Sechzehnjährige hätten noch viele Probleme. Überleg mal: Die Eltern des Babys sind selbst noch Kinder oder Jugendliche und können nicht für ein Kind sorgen. Sie haben noch keine eigene Wohnung, sie müssen noch zur Schule gehen, sie verdienen noch kein Geld.

Deshalb ist es besser, dafür zu sorgen, daß die Mädchen gar nicht erst schwanger werden. Dazu gibt es verschiedene **Verhütungsmittel** und **Verhütungsmethoden.**

Doch vielen ist nicht ganz klar, wann sie ein Verhütungsmittel benutzen sollen. Manche glauben, daß junge Mädchen noch gar keine Babys bekommen können. Aber das ist Unsinn. Und von solchen falschen Geschichten gibt es noch viel mehr:

f ~~Nur erwachsene Frauen können Babys bekommen.~~

Schon neunjährige Mädchen wurden schwanger. ✓

f ~~Mädchen können erst nach der ersten Periode schwanger werden.~~

Es kann auch schon vorher passieren, sobald eine befruchtungsfähige Eizelle vorhanden ist. ✓

f ~~Beim ersten Mal kann nie etwas passieren.~~

Das Risiko ist da genauso groß wie bei jeder anderen Gelegenheit. ✓

f ~~Mädchen können nur schwanger werden, wenn sie bei der Liebe einen Orgasmus hatten.~~

Der Orgasmus der Frau hat keine Bedeutung für die Befruchtung der Eizelle. ✓

f ~~Es passiert nichts, wenn man sich nur streichelt.~~

Nach einem Samenerguß des Jungen können die Samenfäden auch durch Streicheln mit der Hand in die Scheide des Mädchens gelangen und die Eizelle befruchten. ✓

f ~~Nach dem Geschlechtsverkehr reicht eine einzige Antibabypille aus, um sich vor einer Schwangerschaft zu schützen.~~

Antibabypillen wirken nur, wenn sie regelmäßig genommen werden und der Arzt das richtige Mittel ausgesucht hat. ✓

f ~~Jugendliche dürfen keine Verhütungsmittel benutzen.~~

Gerade Jugendliche müssen sich vor ungewollten Schwangerschaften schützen. ✓

Der Trick mit dem schnellen Herausziehen

Es gibt immer noch Jugendliche, aber auch Erwachsene, die gar keine Verhütungsmittel benutzen, obwohl sie keine Kinder wollen. Sie verlassen sich darauf, daß der Mann „aufpaßt" und sein Glied rechtzeitig vor dem Samenerguß aus der Scheide zieht. Aber das ist eine ganz unsichere Methode. Denn auch vor dem Samenerguß können schon einige Samen aus der Öffnung in der Eichel herauskommen, ohne daß der Mann es merkt.

Außerdem ist das rechtzeitige Herausziehen, **Coitus interruptus** genannt, keine besonders zärtliche und liebevolle Methode. Denn gerade dann, wenn es am schönsten ist, wenn sich beide am meisten nach Zärtlichkeit sehnen, muß man mit dem Lieben aufhören.

Wenn man beim Lieben immer ans Aufpassen denken muß, kann man sich gar nicht richtig auf die schönen Gefühle konzentrieren.

! *Diese Verhütungsmethode ist absolut unsicher und überhaupt nicht zu empfehlen.*

Das Kondom

Das **Kondom** sieht so ähnlich aus wie ein unaufgeblasener Luftballon. Es besteht aus hauchdünnem Gummi und wird über das Glied des Mannes gezogen. Die Gummihülle sorgt dafür, daß die Samenflüssigkeit nicht in die Scheide der Frau gelangen kann. So kommt es nicht zu einer Befruchtung der Eizelle.

Kondome gelten als sehr sicheres Verhütungsmittel, wenn sie richtig angewendet werden. Schon beim Aufreißen der Packung mußt du aufpassen, daß der Gummi nicht mit dem Fingernagel beschädigt wird.

Am Anfang ist es nicht immer ganz leicht, das Kondom überzustreifen. Jeder Junge sollte deshalb, bevor er zum erstenmal mit einem Mädchen schläft, sich so ein Kondom in Ruhe anschauen und versuchen, es überzuziehen. Wer ein bißchen übt, wird bald ganz gut damit umgehen können.

Zuerst mußt du die Vorhaut über die Eichel zurückziehen. Dann wird das noch aufgerollte Kondom über die Eichel gestülpt und vorsichtig über dem steifen Glied abgerollt. Dabei darfst du es nicht zu stramm ziehen, denn vorn an der Spitze muß noch Platz zur Aufnahme der Samenflüssigkeit bleiben. Gute Kondome haben an der Spitze ein **Reservoir.** Das ist ein kleiner Hohlraum, der wie ein Zipfel aussieht. Beim Samenerguß wird dort die Samenflüssigkeit aufgefangen.

Der häufigste Fehler bei der Anwendung von Kondomen ist, daß sie verkehrt herum auf die Eichel gesetzt werden und sich nicht

1 Die Packung vorsichtig aufreißen und das Kondom herausnehmen. Vorsicht, daß es nicht einreißt!
2 Das Reservoir zusammendrücken, die Vorhaut zurückschieben und das Kondom auf die Eichel setzen.
3 Das Kondom abrollen, so weit wie möglich zurückstreifen und beim Einführen des Glieds in die Scheide festhalten.

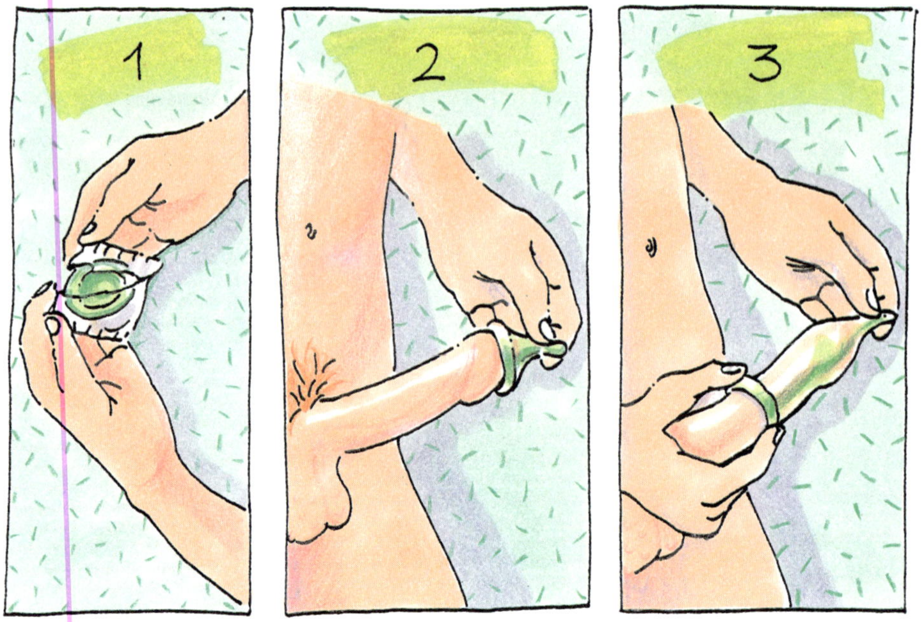

abrollen lassen. Schaut euch deshalb das Kondom immer ganz genau an!

Jedes Kondom darf nur einmal benutzt werden. Nach dem Geschlechtsverkehr wird es zusammen mit dem Glied aus der Scheide gezogen. Am besten, du hältst das untere Ende des Kondoms fest, damit es nicht vom Glied rutscht. Auch nach dem Samenerguß darf das Glied nicht ohne ein neues Kondom in die Scheide eingeführt werden. Denn noch für viele Stunden bleiben Samenfäden in der Harn-Samenröhre, welche die Eizelle befruchten könnten.

Kondome kann jeder überall in Supermärkten, Drogerien, Apotheken oder Kaufhäusern kaufen. Es gibt sie sogar in Automaten. Gute Kondome haben auf der Schachtel immer ein Haltbarkeitsdatum. Am einfachsten anzuwenden sind die feuchten Kondome. Sie sind mit einem **Gleitmittel** beschichtet.

Am Anfang ist ein bißchen Übung notwendig. Aber dann ist das Kondom eine sehr gute Verhütungsmethode.

Das Schaumzäpfchen

In Apotheken und Drogerien gibt es schwangerschaftsverhütende **Schaumzäpfchen** zu kaufen. Sie sehen aus wie ganz kleine Tampons und werden in die Scheide hineingeschoben. Dort lösen sie sich auf und bilden einen Schutzfilm aus Schaum. Das dauert etwa zehn bis zwanzig Minuten (siehe Packungsbeilage). Erst dann kann das Glied in die Scheide eingeführt werden. Der Schutzfilm verhindert, daß die Samenfäden die Eizelle erreichen können.

Die Zäpfchen sind einfacher anzuwenden als Kondome. Man braucht dafür keine Übung oder Erfahrung. Aber sie haben auch Nachteile: Sie gelten als nicht ganz sichere Verhütungsmittel. Und nach der Anwendung kann es passieren, daß beide Liebespartner an den Geschlechtsteilen Jucken und Brennen verspüren.

Die Zäpfchen sind ein bequemes, aber nicht besonders sicheres Verhütungsmittel. Am besten ist es, sie zusammen mit Kondomen zu verwenden.

Die Antibabypille

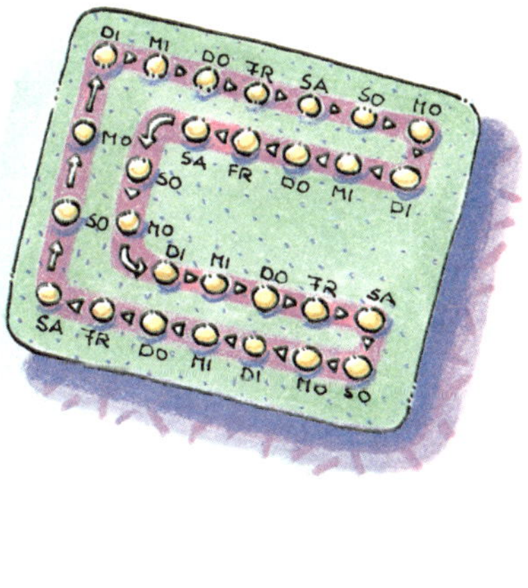

Diese Tabletten enthalten Hormone, die verhindern, daß in den Eierstöcken befruchtungsfähige Eizellen wachsen. Außerdem verdicken sie den Schleim am Muttermund, so daß kein Samen in die Gebärmutter dringen kann. Falls trotz allem ein Ei befruchtet wird, verhindern die Hormone, daß es sich in der Gebärmutterschleimhaut festsetzt. Die **„Pille"** ist ein sehr guter Schutz vor einer ungewollten Schwangerschaft, aber nur, wenn sie vorschriftsgemäß eingenommen wird.

Drei Wochen lang muß jeden Tag eine Tablette geschluckt werden – das ist genau eine Packung. Dann folgt eine „pillenfreie" Woche. In dieser Zeit setzt eine Blutung ein.

Die **Antibabypille** verschreibt der **Frauenarzt.** Jedes Mädchen über 14 Jahren kann sich von ihm beraten und untersuchen lassen. Wenn es gesund ist, bekommt es ein Rezept über die Tabletten. Die Eltern müssen nicht um Erlaubnis gefragt werden.

Jede Frau, welche die Pille nimmt, muß sich regelmäßig untersuchen lassen. Manche vertragen die Hormone am Anfang nicht, weil sie im Körper einiges durcheinanderbringen. Sie bekommen Kopfschmerzen, ihnen wird übel, oder die Brust spannt. Wenn die Beschwerden nicht vergehen, muß der Frauenarzt eine andere Antibabypille verschreiben.

Die Pille ist das sicherste Verhütungsmittel, auch für junge Mädchen – wenn sie vorschriftsmäßig eingenommen wird. Der Nachteil ist, daß die Hormone viele Nebenwirkungen haben können, besonders bei Frauen, die rauchen.

Die Spirale

Die **Spirale,** auch **Intra-Uterin-Pessar** genannt, besteht aus Kunststoff und ist mit dünnem Kupferdraht umwickelt. Es gibt sie in vielen verschiedenen Formen und Größen. Die allerersten sahen wie Spiralen aus, die von heute wie kleine Schiffsanker.

Die Spirale wird vom Arzt in die Gebärmutter eingesetzt. Sie verursacht ständig einen Entzündungsreiz. Deshalb verhindert sie, daß sich ein befruchtetes Ei in der Gebärmutterschleimhaut einnisten kann. Sechs Monate bis drei Jahre lang bleibt die Spirale in der Gebärmutter, dann muß sie vom Arzt gegen eine neue ausgetauscht werden.

Für junge Mädchen ist die Spirale nicht das optimale Verhütungsmittel. Oft verursacht sie Schmerzen während der Periode. Manchmal können Frauen später überhaupt keine Kinder mehr bekommen.

Die Spirale ist ein Verhütungsmittel, das für längere Zeit im Körper bleibt. Für junge Frauen ist diese Methode nicht zu empfehlen.

Das Diaphragma

Das **Diaphragma,** auch **Scheidenpessar** genannt, besteht aus einer weichen Gummikappe mit einem elastischen Drahtrand. Zwei Stunden bevor man miteinander schlafen will, wird es mit einer Spezialcreme eingerieben und in die Scheide eingesetzt. Wie eine elastische Wand sitzt es dort vor dem Muttermund. Die männlichen Samenfäden kommen dann zwar in die Scheide, sie können aber nicht am Diaphragma vorbei bis in die Gebärmutter. Die weibliche Eizelle kann also nicht befruchtet werden. Zusätzliche Sicherheit bietet die Spezialcreme. Sie tötet die Samenzellen ab.

Nachdem man miteinander geschlafen hat, muß das Pessar noch mindestens sechs Stunden in der Scheide bleiben. Dann wird es herausgenommen, abgewaschen und mit einem Spezialmittel behandelt, damit es elastisch bleibt. Das Diaphragma muß der Arzt anpassen, denn es gibt verschiedene Größen.

Das Scheidenpessar ist bei richtiger Anwendung ein sehr guter Schutz. Ganz einfach zu handhaben ist es allerdings nicht.

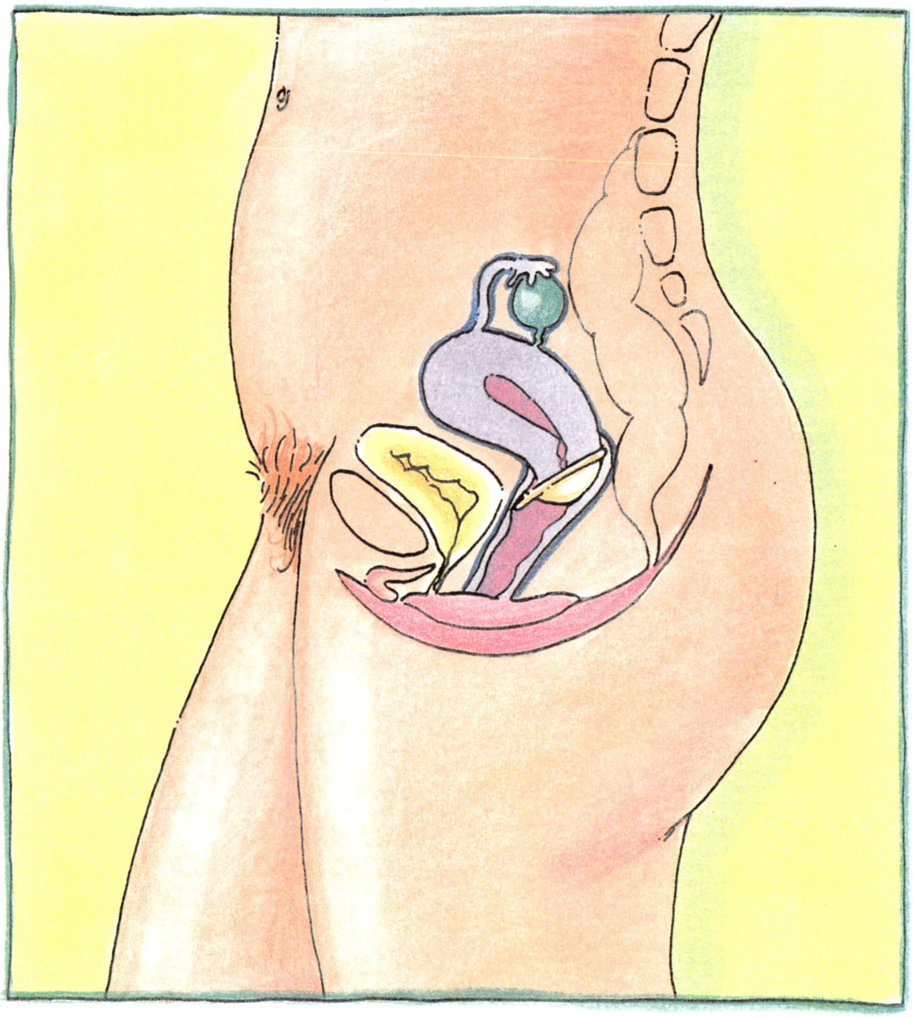

Das Diaphragma verschließt den Muttermund. So können keine Samenfäden in die Gebärmutter kommen.

Die natürliche Methode

Alle 28 Tage kommt es bei der Frau zum Eisprung vom Eierstock in den Eileiter. Und nur unmittelbar danach, für etwa 24 Stunden, ist das Ei befruchtungsfähig. Es gibt also Tage, an denen eine Frau gar nicht schwanger werden kann, weil keine befruchtungsfähige Eizelle im Eileiter wartet.

Bis zum fünften Tag vor dem Eisprung und ab dem dritten Tag danach können ein Mann und eine Frau ohne Verhütungsmittel miteinander schlafen. Fünf Tage vorher deshalb, weil die männlichen Samenzellen drei Tage lang befruchtungsfähig bleiben und in der Gebärmutter auf das Ei warten könnten. Da sich im Körper aber immer etwas verschieben kann, rechnet man noch zwei Tage dazu.

Für die **natürliche Verhütungsmethode** muß die Frau ihren Monatszyklus ganz genau kennen. Wenn sie feststellen will, wann ihr Eisprung stattfindet, muß sie jeden Morgen ihre Temperatur mit dem Fieberthermometer im Po oder in der Scheide messen. Diese Werte trägt sie in Kurvenblätter ein, die es beim Arzt oder in der Apotheke gibt. Wenn die Temperatur plötzlich um 0,4 bis 0,6 Grad Celsius steigt, ist dies der Tag des Eisprungs. Da heißt es aufpassen: Wenn ihr nun ungeschützt miteinander schlaft, ist es wahrscheinlich, daß die Frau schwanger wird.

Um sicherzugehen, sollten die Messungen über mehrere Monate gemacht werden, bevor ihr euch auf die „unfruchtbaren Tage" verlaßt. Erst nach einiger Zeit kann man feststellen, wie regelmäßig der Eisprung stattfindet und wann ihr ohne Verhütungsmittel miteinander schlafen könnt.

Zusätzlich muß die Frau den Schleim beobachten, der aus der Scheide läuft. Normalerweise ist er dickflüssig und weiß. An den Tagen um den Eisprung jedoch wird er dünner, fast durchsichtig und klebrig. Wenn man ihn zwischen die Fingerspitzen nimmt und sie auseinanderzieht, bildet der Schleim sogar einen Faden. Dann solltet ihr nicht ohne Verhütungsmittel miteinander schlafen. Verschwindet der Schleim wieder, beginnen die „unfruchtbaren Tage".

Die Kurvenblätter, in denen Temperaturen und **Schleimzustand** eingetragen werden können, solltet ihr euch noch einmal vom Frauenarzt erklären lassen. Für junge Mädchen ist die natürliche Verhütungsmethode sowieso nicht zu empfehlen: Ihr Zyklus ist noch zu unregelmäßig. Außerdem gehört eine Menge Disziplin dazu, jeden Tag die Temperatur zu messen und seinen Körper zu beobachten.

! *Mit der natürlichen Verhütungsmethode kann man zwar nicht jederzeit miteinander schlafen, dafür braucht man keine anderen Verhütungsmittel. Sie ist nur zuverlässig, wenn sich die Frau genau beobachtet und ihr Zyklus regelmäßig ist. Für junge Mädchen ist diese Methode nicht geeignet.*

Notlösung: Die „Pille danach"

Obwohl es für jeden die richtige Verhütungsmethode gibt, kommt es vor, daß irgend etwas schiefgeht: Das Kondom reißt, die Pille wird vergessen, oder es werden einfach gar keine Verhütungsmittel verwendet. Dann solltet ihr sofort zum Arzt gehen. Er kann die **„Pille danach"** verschreiben. Diese Hormontabletten muß das Mädchen 24 bis 48 Stunden nach dem Geschlechtsverkehr einnehmen. Sie verhindern, daß sich die befruchtete Eizelle in der Gebärmutter einnistet. Gut für den Körper ist die „Pille danach" allerdings nicht, denn sie bringt den Zyklus der Frau völlig durcheinander.

Die Regel bleibt aus

Wenn deine Periode einmal ausbleibt, muß das nicht unbedingt ein Zeichen dafür sein, daß du ein Kind bekommst. Besteht jedoch die Möglichkeit einer Schwangerschaft, solltest du auf alle Fälle einen **Schwangerschaftstest** machen. Den kannst du in jeder Apotheke kaufen und ihn zu Hause durchführen. Im Zweifelsfall solltest du zum Arzt gehen. Zu ihm mußt du sowieso, wenn der Test positiv ist, also wenn du schwanger bist.

Schwangerschaftsabbruch

Wenn du schwanger wirst, aber unter keinen Umständen ein Baby willst, kann die Schwangerschaft abgebrochen werden. Das ist für die meisten Frauen und Mädchen eine ganz schwierige Entscheidung und sollte gut überlegt sein. Am besten, du redest mit deinem Freund, der Freundin oder den Eltern darüber.

Vor der **Abtreibung** mußt du auf alle Fälle mit einem Arzt und mit bestimmten **Beratungsstellen** sprechen. Gemeinsam soll überlegt werden, ob das Baby nicht doch geboren werden kann. Jungen Müttern werden mögliche Hilfen vom Staat erklärt.

Der eigentliche **Schwangerschaftsabbruch** ist nur eine kleine Operation, die meistens im Krankenhaus gemacht wird. Je früher der Eingriff vorgenommen wird, desto kleiner ist die Gefahr, daß irgend etwas passiert. Der Muttermund wird geweitet und das Gewebe abgesaugt. Obwohl das nicht sehr weh tut, ist eine Abtreibung für die Frau unangenehm. Oft hat sie ein schlechtes Gewissen und macht sich Vorwürfe, das Baby nicht doch bekommen zu haben.

Etwa eine Woche nach dem Abbruch macht der Arzt eine Kontrolluntersuchung. Die Frau kann später wieder schwanger werden und gesunde Kinder zur Welt bringen.

Wenn Babys auf sich warten lassen

Es gibt viele Paare, die keine Kinder bekommen können. Manchmal kann es sein, daß der Samen des Mannes oder die Eizelle der Frau nicht für die Befruchtung geeignet sind. Außerdem gibt es Frauen, die keinen Eisprung haben.

Das kann mit den Hormonen zu tun haben. Wir hatten gesagt, daß man sich die Hormone wie winzig kleine Briefe mit Nachrichten vorstellen kann. Die werden vom Gehirn durch das Blut geschickt und sagen den Geschlechtsorganen, was sie zu tun haben. Die Geschlechtsorgane „schreiben" auch solche Briefe und verschikken sie mit dem Blut an andere Stellen des Körpers.

Wer viel raucht oder viel Alkohol trinkt, kann damit die Hormone durcheinanderbringen. Zuwenig Schlaf, zuviel Arbeit, eine Hungerkur, eine längere Krankheit oder Medikamente können sie stören. Es gibt aber auch Fehlfunktionen, die schon von Geburt des Mannes oder der Frau an vorhanden sind.

Wenn mit den Hormonbriefen etwas nicht richtig funktioniert, kommt in den Geschlechtsorganen einiges durcheinander. Dann kann es passieren, daß beim Mann keine Samenzellen gebildet werden. Oder die Eizellen der Frau sind nicht befruchtungsfähig. Manchmal kann der Arzt helfen. Der Mann oder die Frau müssen Hormone als Tabletten einnehmen. Oft kann man dadurch die Geschlechtsorgane wieder zum Funktionieren bringen.

Wenn trotz der Hormontabletten keine Babys kommen, kann es sein, daß die Eileiter der Frau nicht in Ordnung sind. Dann holt der Arzt mit einer kleinen Operation eine Eizelle aus dem Eierstock der Frau. Sie wird außerhalb des Körpers mit dem Samen des Mannes befruchtet. Danach wird das Ei wieder in die Gebärmutter eingesetzt. Manchmal klappt das, und das Baby fängt dort wirklich an zu wachsen.

Auch wer gesund ist, kann zum Arzt gehen

Ein Arzt für alle Fälle

Bestimmt bist du schon einmal beim Arzt oder einer Ärztin gewesen. Vielleicht wegen einer Erkältung, wegen Bauchschmerzen oder weil du dich verletzt hast. Meistens wird das der Hausarzt gewesen sein, zu dem man fast immer zuerst hingeht. Und bei sehr vielen Krankheiten kann er helfen.

Es gibt aber auch Ärzte und Ärztinnen, die sich nur um bestimmte Probleme kümmern. Und mit solchen Ärzten bekommen Jungen und Mädchen zu tun, wenn sie erwachsen werden.

Mädchen sollten, wenn die Pubertät begonnen hat, regelmäßig zum Frauenarzt gehen. **Gynäkologen** werden diese Ärztinnen und Ärzte genannt. Sie kennen sich besonders gut mit den Geschlechtsorganen der Frau aus und behandeln sie, wenn damit etwas nicht in Ordnung ist. Frauenärzte beraten über Verhütungsmittel, passen das Diaphragma oder die Spirale an oder verschreiben die Antibabypille. Bei schwangeren Frauen untersucht der Frauenarzt regelmäßig, ob es dem Kind in der Gebärmutter gutgeht. Wenn das Baby im Krankenhaus geboren wird, ist auch immer ein Frauenarzt dabei.

Bei den Jungen ist es etwas anders. Einen extra Männerarzt gibt es nämlich nicht. Trotzdem kennen sich einige Ärztinnen und Ärzte besonders gut mit den männlichen Geschlechtsorganen aus. Diese Ärzte nennt man **Urologen.** Sie behandeln aber auch Frauen, zum Beispiel bei Blasenkrankheiten.

Die Untersuchung

Eigentlich sollten besonders Mädchen regelmäßig zu „ihrem" Arzt gehen. Aber vor dem Besuch beim Frauenarzt oder der Frauenärztin haben sie oft noch mehr Angst als vor dem beim Zahnarzt. Wenn ihr euch nicht traut, allein zum Gynäkologen zu gehen, könnt ihr eure beste Freundin mitnehmen. Er findet auch nichts dabei, wenn die Mutter mitkommt. Für ihn ist es die normalste Sache der Welt, deine Geschlechtsteile zu untersuchen.

Spätestens wenn sich an den Geschlechtsteilen etwas verändert oder dir irgend etwas seltsam vorkommt, mußt du sowieso zum Arzt.

Das gleiche gilt für die Jungen. Bei ihnen entwickeln sich manchmal die Hoden nicht richtig. Oft läßt sich die Vorhaut nicht ganz über die Eichel zurückstreifen. Das ist keine Krankheit, sondern nur ein kleiner Wachstumsfehler. Der Urologe oder der Hautarzt hilft da mit einem kleinen Schnitt, denn sonst kann man das Glied nicht richtig waschen. Außerdem tut eine zu enge Vorhaut beim Geschlechtsverkehr weh oder reißt sogar ein.

Mit Jucken oder Brennen fangen viele **Geschlechtskrankheiten** an. Oft läuft dann beim Mädchen noch Flüssigkeit aus der Scheide oder beim Jungen aus der Harn-Samenröhre. Dann ist es höchste Zeit für den Frauenarzt oder Urologen, denn von allein wird es meistens nicht besser. Aber es kann schnell schlimmer werden. So schlimm, daß man später keine Kinder mehr zeugen kann.

Irgendwelchen guten Tips und Wundermitteln von Freunden oder Freundinnen sollte man nicht trauen. Jede Sache an den Geschlechtsteilen ist ein Fall für den Arzt. Er ist der Experte.

Wenn euch der Frauenarzt oder Urologe untersucht, sieht er sich die Geschlechtsteile genau an und tastet sie ab. Oft macht er einen **Abstrich.** Dazu nimmt der Arzt aus der Scheide oder von der Harn-Samenröhre mit einem kleinen Stäbchen ein bißchen Flüssigkeit. Sie wird auf Krankheitserreger untersucht. Wenn der Arzt welche findet, kann er das richtige Medikament verschreiben.

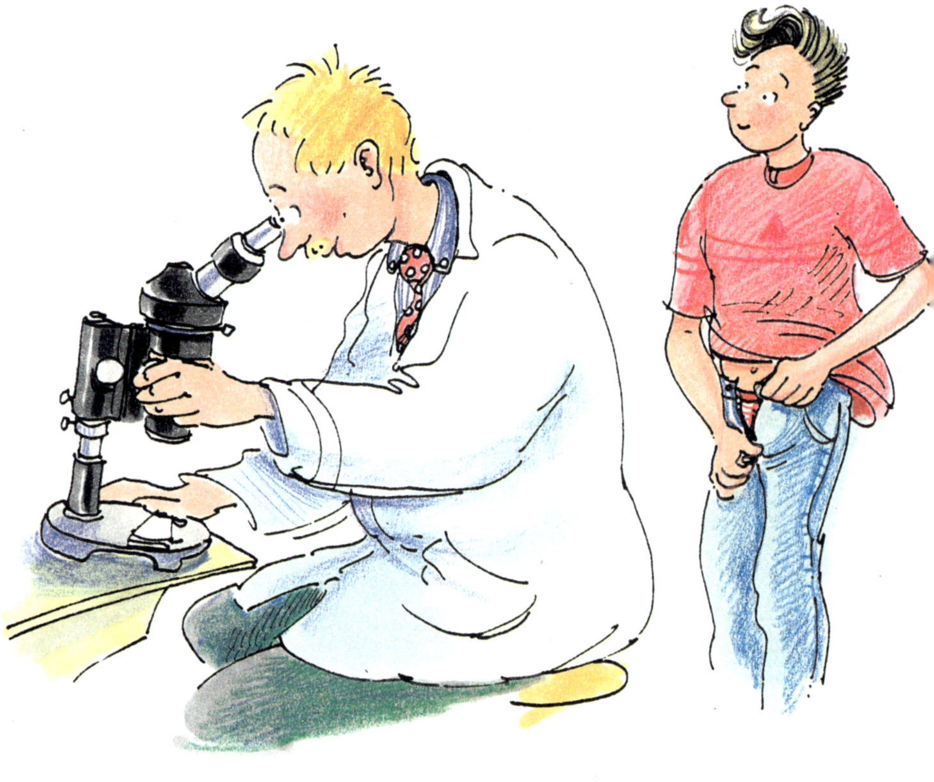

Der Arzt untersucht beim Abstrich Flüssigkeit von der Harn-Samenröhre oder aus der Scheide unter dem Mikroskop.

Aids – ein tödliches Kapitel

Viele Geschlechtskrankheiten machen sich schnell bemerkbar. Durch Jucken und Brennen an den Geschlechtsteilen spürt man, daß irgend etwas nicht stimmt. Wenn man dann zum Arzt geht, können sie meistens geheilt werden.

Eine Krankheit aber, die zwar eigentlich keine Geschlechtskrankheit ist, aber hauptsächlich beim Geschlechtsverkehr übertragen wird, ist besonders tückisch und verläuft immer tödlich: **Aids.** Das Wort ist die Abkürzung für die englische Bezeichnung **„acquired immune deficiency syndrom“,** was übersetzt „erworbene Schwäche des Abwehrsystems“ bedeutet.

Der Krankheitserreger, der Aids auslöst, wurde erst 1983 entdeckt. Was dieser **HIV-Virus** im Körper anrichtet, ist verheerend und führt immer zum Tod, denn bis jetzt gibt es noch kein Gegenmittel. Er zerstört ausgerechnet die Blutzellen, die normalerweise für die Abwehr von Krankheiten zuständig sind.

Bei gesunden Menschen sorgen diese Abwehrzellen dafür, daß zum Beispiel eine Erkältung von allein wieder vergeht, auch ohne Medikamente. Die Abwehrzellen im Blut wirken wie eine körpereigene Medizin. Bei einer Aids-Infektion aber funktionieren sie nicht mehr, aus dem Schnupfen kann eine tödliche Lungenentzündung werden.

Tückisch ist Aids auch deshalb, weil der Virus jahrelang im Körper verborgen schlummern kann, ehe er sein tödliches Zerstörungswerk beginnt. Bevor es zu diesem Ausbruch kommt, sind meistens überhaupt keine Krankheitszeichen erkennbar. Ein Infizierter kann also andere anstecken, ohne daß er es weiß.

Aids kann nur übertragen werden, wenn Blut, Sperma oder Scheidenflüssigkeit eines Infizierten in den Körper eines Gesunden gelangt. Man kann sich also durch Samen- oder Scheidenflüssigkeit beim Geschlechtsverkehr anstecken, aber auch bei Blutübertragung.

Damit ihr euch nicht ansteckt, solltet ihr euch bei jedem Geschlechtsverkehr mit Kondomen schützen. So kann es nicht zu einem Austausch von Körperflüssigkeiten kommen. Denkt immer daran, daß man zunächst keinem ansieht, ob er den HIV-Virus hat. Nur ein Test, den der Arzt macht, kann Sicherheit geben.

Falls ihr jemanden kennt, der Aids hat, ist es Unsinn, einen Bogen um ihn zu machen. Aids kann nur durch Blut, Sperma oder Scheidenflüssigkeit übertragen werden, und nicht zum Beispiel durch Händeschütteln. Mit Aids-Infizierten kann man genauso umgehen wie mit jedem Gesunden. Sie brauchen sogar ganz besonders viel Zuwendung, um mit ihrer tödlichen Krankheit fertig zu werden.

Die Schwangerschaft: Von einer Zelle zum fertigen Menschen

Der erste Moment entscheidet

Jetzt wollen wir uns genau anschauen, was mit der befruchteten Eizelle passiert. Klar, daraus wird ein Baby. Doch bis dahin ist es noch ein langer Weg.

Alles beginnt im Eileiter. Dorthin muß der Samen wandern, um auf die befruchtungsfähige Eizelle zu stoßen. Nur eine der vielen Samenzellen, die bei einem Samenerguß in die Scheide kommen, erreicht das Ei. Und wenn sie sich treffen, verschmelzen sie sofort miteinander. Blitzschnell bildet sich um beide eine Haut. Danach kann keine andere Samenzelle mehr eindringen. Wenn Samen und Ei verschmolzen sind, wächst auch das darin enthaltene **Erbgut** zusammen. Erbgut nennt man alles, was ein Kind von seinen Eltern mitbekommt: die Haarfarbe, die Hautfarbe, ob es besonders groß oder sehr klein wird und viele andere Dinge. Außerdem hat der Samen bestimmt, ob das Baby ein Junge oder ein Mädchen werden soll.

Wenn der winzig kleine Samen die Größe einer Stecknadel hätte, wäre das Ei so groß wie ein Wasserball.

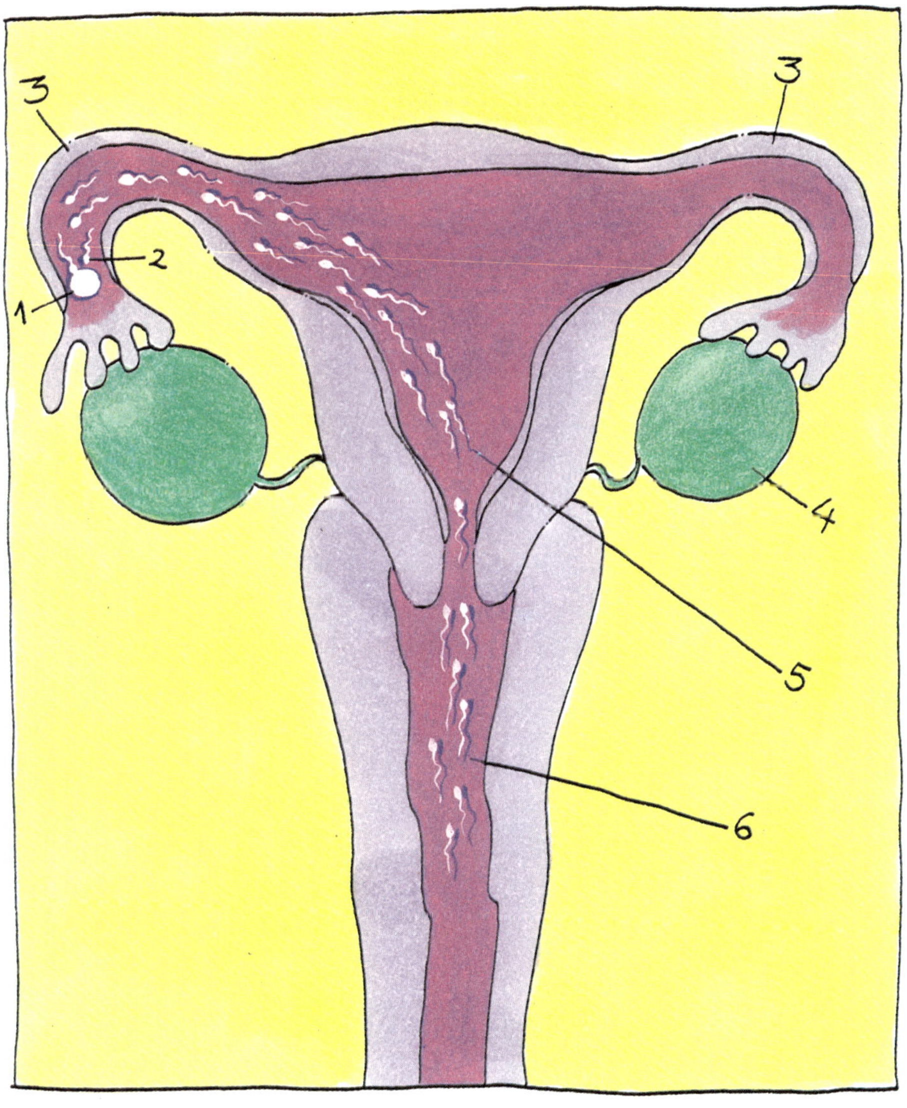

1 Eizelle bei der Befruchtung
2 Samen
3 Eileiter
4 Eierstock
5 Gebärmutter
6 Scheide

Was Menschen und Schneemänner gemeinsam haben

Das Ei und der Samen bilden jetzt die erste Körperzelle des Babys. Zellen sind die kleinsten Bausteine eines jeden Körpers. Sie sind so winzig, daß man sie mit dem Auge unmöglich sieht, und es gibt unendlich viele davon. Stellt euch eine Zelle im Körper wie eine Schneeflocke vor. Wenn ihr einen Schneemann baut, könnt ihr die darin enthaltenen Schneeflocken auch nicht mehr zählen.

Sobald sich diese erste Zelle aus Samen und Ei gebildet hat, teilt sie sich. Es entstehen zwei neue Zellen. Alles an ihnen ist ganz genauso wie bei der ersten. Sie halten sich wie mit winzig kleinen Armen aneinander fest und teilen sich immer wieder. Aus zwei werden vier, daraus acht, dann sechzehn. Ihre Zahl vervielfacht sich rasend schnell.

Schon nach wenigen Tagen sind es so viele, daß man sie nicht mehr zählen kann. Diese Zellen, aus denen einmal ein Mensch wird, nennt man den **Embryo.** Er wandert langsam vom Eileiter in die Gebärmutter, wo er sich in der Schleimhaut festsetzt.

Um den Embryo herum bildet sich eine Haut, die man **Fruchtblase** nennt. Sie ist mit **Fruchtwasser** gefüllt. Darin schwimmt das Baby bis zu seiner Geburt. So ist es vor harten Stößen geschützt, zum Beispiel wenn die Mutter mal hinfällt.

Versorgung durch die Nabelschnur

Daß er ganz und gar vom Fruchtwasser umgeben ist, stört den Embryo überhaupt nicht. Denn er muß nicht atmen. Sauerstoff zum Leben und alles, was er zum Wachsen braucht, bekommt er durch die **Nabelschnur.** Die ist eine Art Schlauch, der vom **Mutterkuchen** in der Gebärmutter zum Bauch des Embryos führt. Der Mutterkuchen und die Nabelschnur haben sich genau an der Stelle gebildet, wo der Embryo in der Gebärmutter festgewachsen ist. Und jeder Mensch kann auch als Erwachsener noch sehen, wo seine Nabelschnur mal gesessen hat: Dort haben wir nämlich alle unseren **Bauchnabel.** Der Mutterkuchen heißt so, weil er das entstehende Kind mit Nahrung versorgt. Aus dem Blut der Mutter holt er alles heraus, was das Baby haben muß.

Der Körper der Mutter bereitet sich vor

Wenn der Embryo sich in der Gebärmutter seinen Platz gesucht hat, bilden sich spezielle Hormone. Diesmal übermitteln die kleinen Briefe dem Gehirn, daß in der Gebärmutter ein Baby zu wachsen beginnt. Und nun stellt sich der ganze Körper der Frau auf die Schwangerschaft ein. Ganz wichtig ist, daß der monatliche Zyklus und die Monatsblutung abgeschaltet werden. Deshalb ist auch das Ausbleiben der Monatsblutung fast immer ein Zeichen dafür, daß eine Schwangerschaft begonnen hat.

Durch das entstehende Baby geraten die Hormone der Frau völlig durcheinander. In der ersten Zeit der Schwangerschaft kommt es deshalb oft vor, daß die Frau einen seltsamen Geschmack im Mund hat oder daß ihr schlecht ist. Sie verspürt Appetit auf die verrücktesten Sachen, zum Beispiel Salzheringe mit Schokoladensoße.

Außerdem beginnen die Brüste der Frau zu wachsen. Sie merkt das meistens an einem eigenartigen Ziehen. Das liegt daran, daß sich die Milchdrüsen darauf vorbereiten, nach der Geburt Milch für das Baby zu produzieren.

Weil die ganze Umstellung für den Körper eine große Belastung bedeutet, ist die werdende Mutter oft sehr müde und abgespannt. Da kann es schon mal passieren, daß sie über Dinge schimpft, die sie sonst nie stören. Aber das ist bestimmt nicht böse gemeint.

Außerdem muß sich die Mutter jetzt auch in vielen ganz normalen Sachen umstellen. Sie soll nicht mehr rauchen und auch keinen Wein und kein Bier mehr trinken. Denn über den Mutterkuchen kommen auch die Giftstoffe in das Blut des Embryos. Das kann sehr gefährlich werden, denn sie können das Baby beim Wachsen stören.

Noch gefährlicher sind Medikamente. Manche Tabletten enthalten Stoffe, die einen Embryo töten oder krank machen können. Deshalb dürfen schwangere Frauen nur solche Tabletten einnehmen, die der Arzt ihnen ausdrücklich verschrieben hat.

Vor allem in den ersten Wochen nach dem Beginn der Schwangerschaft muß die Frau sehr vorsichtig sein. Sie darf sich zum Beispiel bei der Arbeit nicht anstrengen, sonst kann sie ihr Baby verlieren. Es wird dann von der Gebärmutter abgestoßen. Ärzte nennen das auch **Fehlgeburt.**

Das Kind wächst im Bauch

Der Embryo ist jetzt so groß wie eine Erbse . . .

In den ersten Wochen sieht das winzig kleine Kind noch gar nicht wie ein Mensch aus. Aber mit dem Mikroskop könnte man am 24. Tag nach der Befruchtung mitten in dem Zellhaufen schon etwas beobachten: einen winzigen Punkt, der ganz schnell zuckt. Dort schlägt das Herz des Babys.

Im ersten Monat bilden sich schon das Gehirn und die Netzhaut des Auges, die Lunge und die Leber. Obwohl der Embryo noch so winzig ist, fangen auch schon die Gliedmaßen zu wachsen an. Der Kopf beginnt sich zu formen. Winzige Stummel zeigen, wo Arme und Beine wachsen werden.

Einen Monat nach der Befruchtung ist der Embryo etwa einen halben Zentimeter groß.

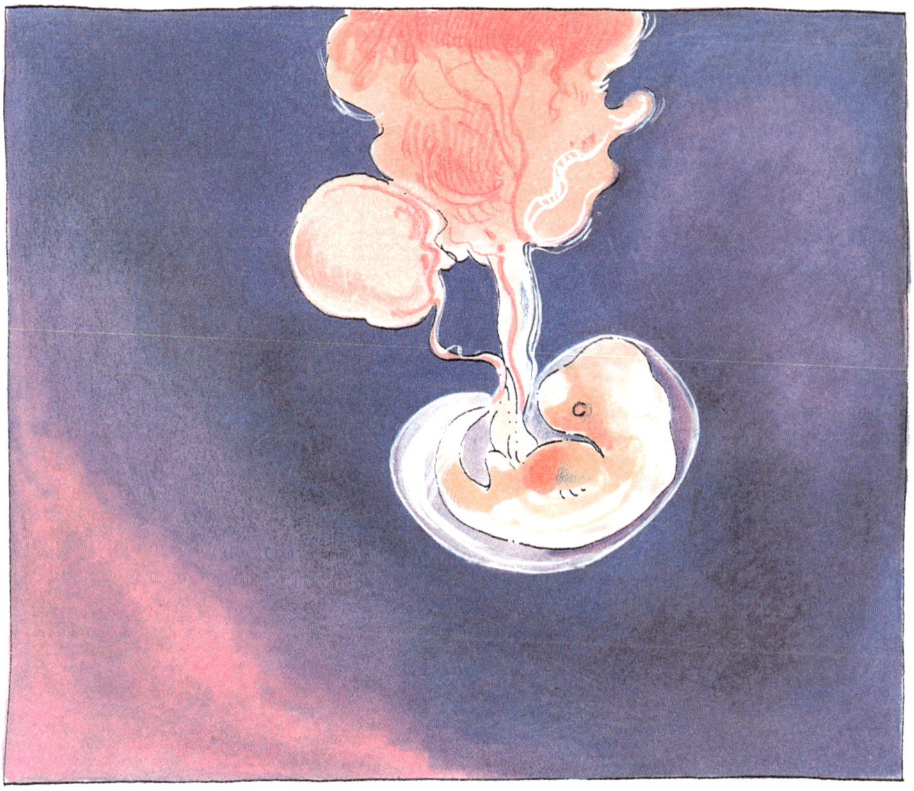

Im zweiten Monat kann man am Kopf des Embryos die ersten Ansätze für die Ohren erkennen. Sogar der Gaumen und die Zahnleisten im Mund bilden sich schon. Dort werden später einmal die Zähne wachsen. An den Beinen, die noch kleine Stummel sind, bilden sich die Füße. Und an den Armstummeln sind Ansätze für die Hände zu erkennen.

Der Embryo ist zwei Monate nach der Befruchtung immer noch winzig klein. Meistens ist er zwischen drei und vier Zentimeter lang und wiegt nur knapp zwei Gramm. Das ist soviel wie ein Blatt Papier.

. . . und jetzt wie ein Bonbon.

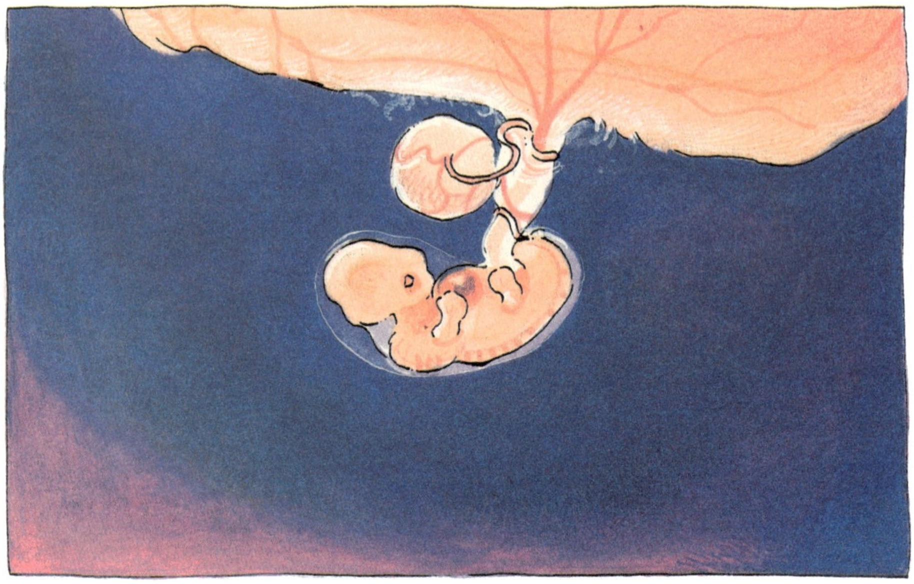

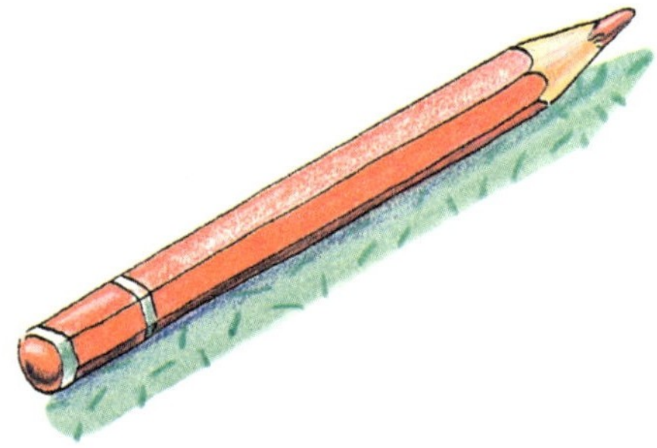

Im dritten Monat ist der Embryo etwa so groß wie ein halb abgespitzter Buntstift...

Im dritten Monat wird die Gebärmutter der Frau sehr schnell größer, denn jetzt braucht das Kind mehr Platz. Schließlich ist es schon neun Zentimeter lang und etwa 14 Gramm schwer. Weil die Gebärmutter wächst, wird auch der Bauch der Frau dicker. Beim Embryo sind jetzt schon deutlich die ersten Ansätze für die Finger und Zehen zu erkennen. Im Gesicht hat sich die Nase gebildet. Auch der Mund und die Augenhöhlen sind schon zu erkennen. Jetzt sieht der Embryo zum erstenmal wirklich wie ein winzig kleiner Mensch aus.

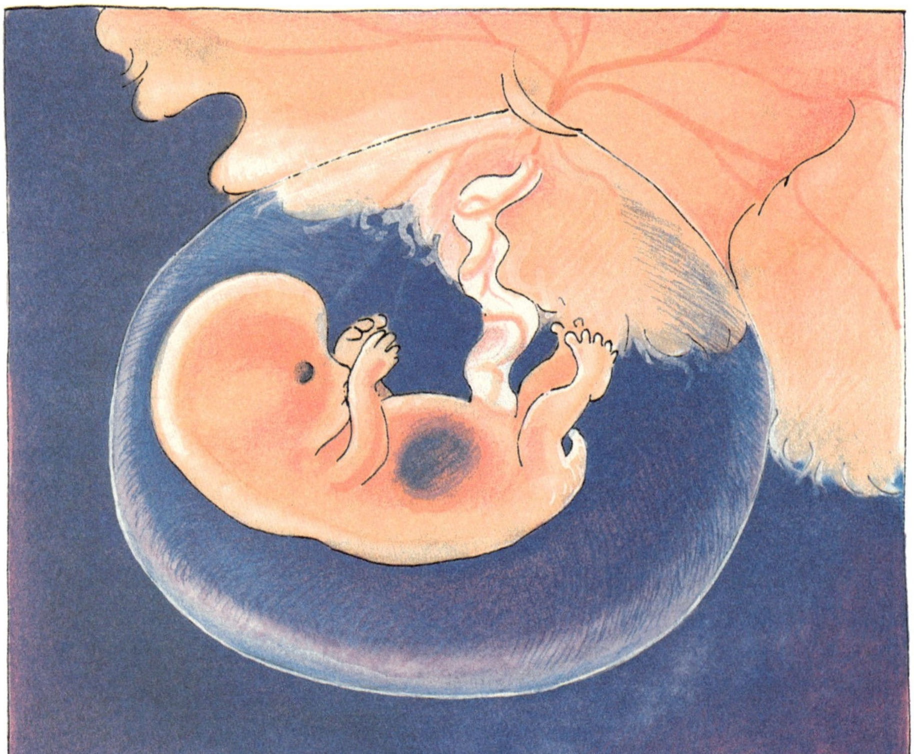

Im vierten Monat ist das Baby etwa 16 Zentimeter lang. Wenn der Arzt jetzt ein Hörrohr auf den Bauch der Mutter setzt, kann er den Herzschlag des **Fötus** hören. Es klopft rund 160mal in der Minute, doppelt so schnell wie bei einem erwachsenen Menschen. Am ganzen Körper des Babys wachsen jetzt weiche Haare. Sogar im Gesicht. Aber die meisten fallen noch vor der Geburt wieder aus.

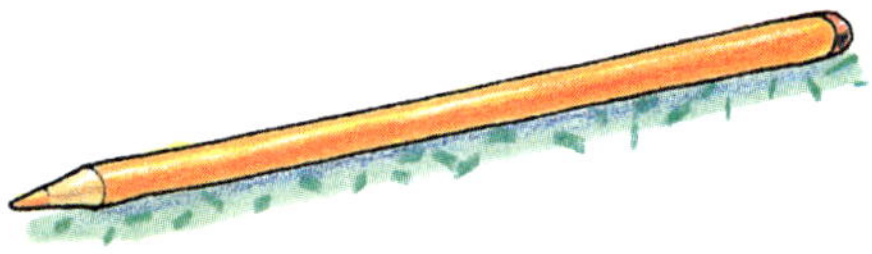

... und im vierten so wie ein niegelnagelneuer.

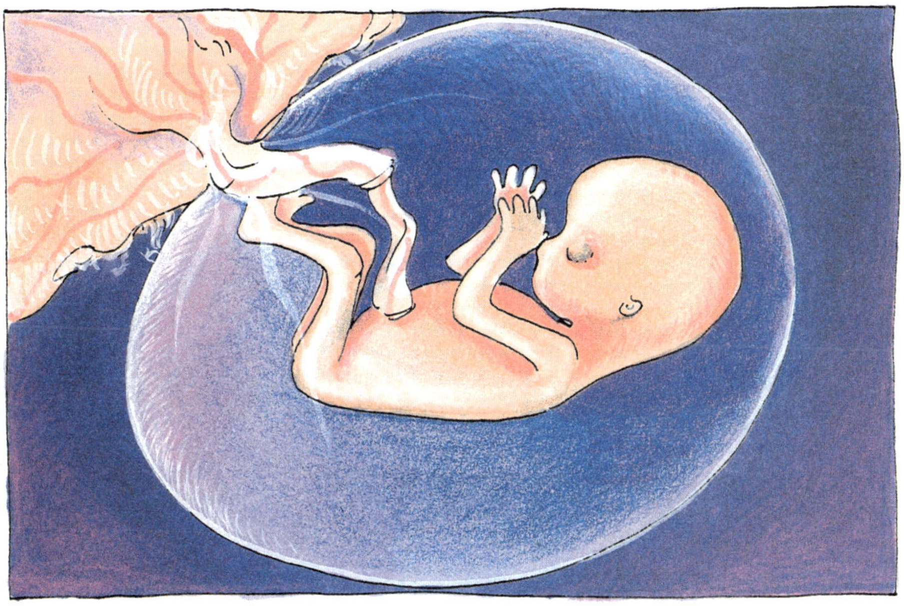

Im fünften Monat beginnt das Baby im Bauch seiner Mutter zu strampeln. Schließlich wird es jetzt auch schon etwas enger in der Gebärmutter, denn das Baby ist 25 Zentimeter lang und wiegt über 300 Gramm.

Inzwischen ist das Baby so groß wie eine Aubergine.

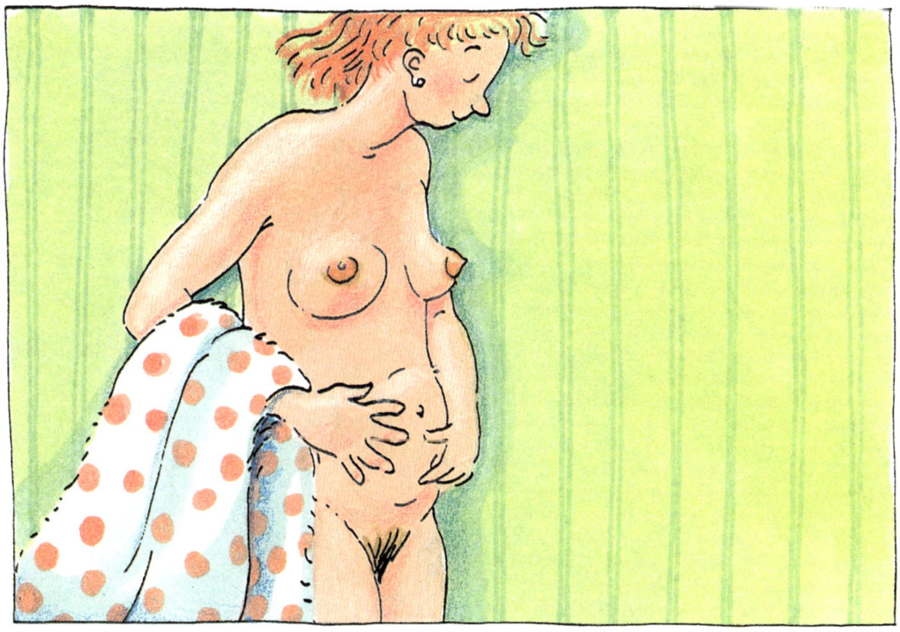

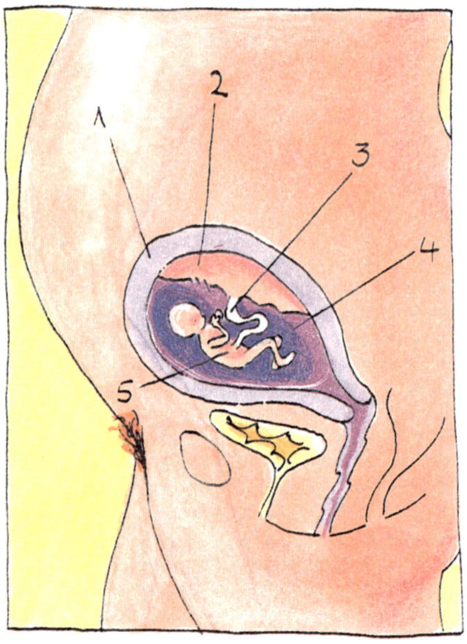

1 Gebärmutter
2 Mutterkuchen
3 Nabelschnur
4 Fruchtblase mit Fruchtwasser
5 Embryo/Fötus

Im sechsten Monat nach der Befruchtung wird das Baby schnell größer, aber es ist noch ziemlich dünn. Es wiegt knapp 600 Gramm. Manchmal kann man seine Füße oder andere Körperteile unter der Bauchdecke der Mutter spüren. Wenn man vorsichtig darüberstreicht, reagiert das Baby oft auf diese Berührungen. Außerdem kann das Kind im Bauch jetzt schon die Stimmen seiner Eltern hören und erkennen.

Im siebten Monat ist das Baby etwa 40 Zentimeter groß und wiegt 900 Gramm. Jetzt ist das Baby eigentlich ein fertiger kleiner Mensch. Es könnte schon außerhalb der Gebärmutter überleben. Bei einer **Frühgeburt** muß es das sogar. Besser ist es natürlich, wenn es auch noch die folgenden beiden Monate im Bauch bleibt. Dann ist es größer und schwerer, und ihm fällt das Leben außerhalb des Mutterleibes leichter.

Bei einer Frühgeburt muß das Baby in einen Brutkasten. Dort wird es gewärmt und manchmal künstlich ernährt.

Im achten Monat wird es für die Mutter sehr anstrengend, mit dem Baby im Bauch herumzulaufen. Oft leidet sie unter Rückenschmerzen, denn das Baby wird jetzt ganz schön schwer: Es wiegt 2200 Gramm und ist 45 Zentimeter lang.

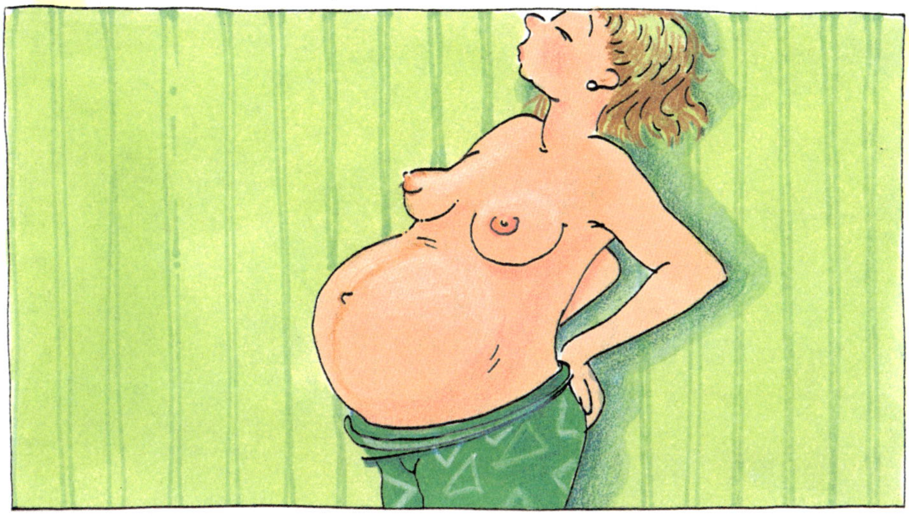

Im neunten Monat drehen sich die meisten Babys in der Gebärmutter. Danach liegen sie mit dem Kopf nach unten. Das ist die normale Lage für die Geburt. Das Baby ist nun einen halben Meter lang und wiegt schon über drei Kilo. Es braucht sehr viel Platz, und die Gebärmutter ist so groß, daß sie oben bis an die Rippen der Mutter heranreicht. Jetzt sind der Körper der Frau und das Baby für die Geburt bereit.

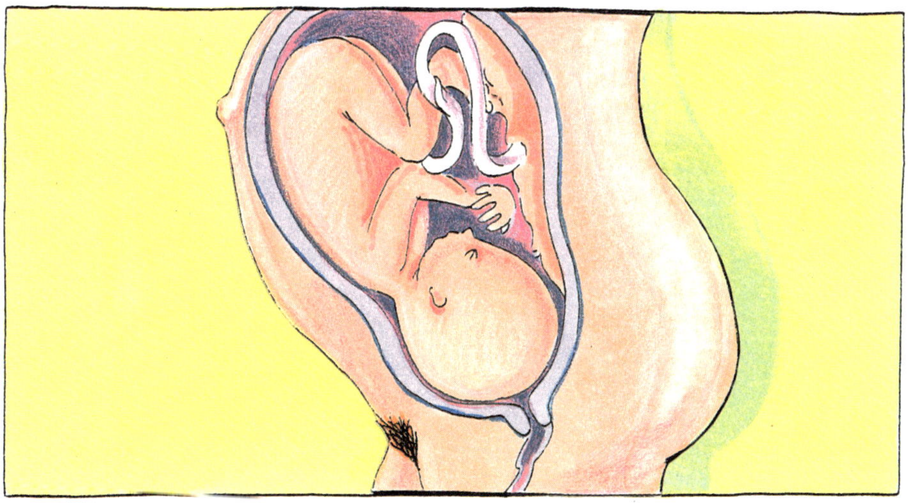

Neuneinhalb Monate nach der Befruchtung der Eizelle kommt das Kind zur Welt. Manchmal wird die Zeit der Schwangerschaft auch von der letzten Regel an gerechnet. Dann sind das zehn Monate oder genau vierzig Wochen.

Kurz vor der Geburt ist das Baby schwerer als dreißig Tafeln Schokolade.

Ein Baby kommt zur Welt

Bald ist es soweit

Im neunten Monat der Schwangerschaft sieht der dicke Bauch der Mutter ein bißchen so aus, als würde er in die Hose rutschen, so tief sitzt er. Das liegt daran, daß sich die Gebärmutter nach unten senkt. Der Körper bereitet sich damit endgültig auf die Geburt des Babys vor.

Die Frau muß nun jeden Tag damit rechnen, daß ihr Kind zur Welt kommt. Deshalb wird sie jetzt noch häufiger zum Frauenarzt gehen. Der kann dann mit einem besonderen Apparat, einem **Ultraschallgerät,** nachschauen, wie es unter der Bauchdecke und in der Gebärmutter der Frau aussieht.

Schon während der ganzen Schwangerschaft hat er mit dem Ultraschallgerät überprüft, ob alles in Ordnung ist. Jetzt ist besonders wichtig, ob sich das Baby mit dem Kopf nach unten gedreht hat und der Kopf sich genau vor dem unteren Ende der Gebärmutter befindet, denn „kopfüber" soll das Baby auch geboren werden.

Außerdem schaut der Frauenarzt nach, wie die Arme des Babys liegen. Die meisten haben sie vor der Brust gekreuzt. So kann das Kind am leichtesten aus der Gebärmutter durch die Scheide herauskommen.

Wenn das Baby mit dem Rücken oder den Füßen zum Gebärmutterausgang liegt, wird die Geburt meistens sehr schwierig. Manchmal kann das Kind gar nicht durch die Scheide aus der Gebärmutter herauskommen. Die Frau muß dann zur Geburt unbedingt in ein Krankenhaus, denn das Baby muß mit einer Operation aus dem Bauch geholt werden. Dazu sagt man **Kaiserschnitt.**

Liegt das Kind richtig im Bauch, ist es nicht notwendig, daß die Frau zur Geburt in ein Krankenhaus geht. Wenn der Arzt zustimmt, kann die Mutter das Kind auch daheim zur Welt bringen. Dann kommt die **Hebamme** nach Hause. Diese Frauen verstehen sehr viel von Geburten und helfen den Müttern dabei.

Viele Frauen wollen ihr Baby nicht zu Hause bekommen. Falls doch noch etwas schiefgeht, können Mutter und Kind im Krankenhaus gleich besser versorgt werden. Außerdem ist eine Geburt sehr anstrengend. Und im Krankenhaus kann man sich meistens besser von der Anstrengung erholen als zu Hause, denn die Krankenschwestern kümmern sich um das Baby und die Mutter.

Oft ist auch der Vater bei der Geburt des Kindes zu Hause oder im Krankenhaus dabei. Dann kann er seiner Frau oder Freundin bei der Geburt helfen. Er kann sie massieren oder auch nur ihre Hand festhalten und sie trösten, wenn sie Schmerzen hat. Wenn sie von der großen Anstrengung schwitzt, kann er ihr den Schweiß von der Stirn tupfen. Beide werden es schön finden, die Geburt ihres Kindes gemeinsam zu erleben.

Die Geburt ist sehr anstrengend

Es ist für eine Frau sehr anstrengend, ein Kind zu gebären. Schließlich kommt das Baby durch die Scheide aus dem Körper der Mutter heraus. Und dafür braucht die Frau viel Kraft, denn sie muß das Baby ganz allein herausdrücken.

Daß die Geburt beginnt, merkt die Mutter an den **Wehen.** So nennt man es, wenn sich der Bauch mit der Gebärmutter zusammenzieht und so das Kind aus dem Körper der Mutter schiebt. Für die Frau ist das so ähnlich wie ganz starke Bauchschmerzen.

Wie solche Wehen funktionieren, kann man sich gut mit einem Stück nasser Seife vorstellen. Wenn es locker in der Hand liegt, passiert gar nichts. Wenn man aber die Hand zur Faust ballt, flutscht das Seifenstück nach einer Seite heraus. Natürlich flutscht ein Baby

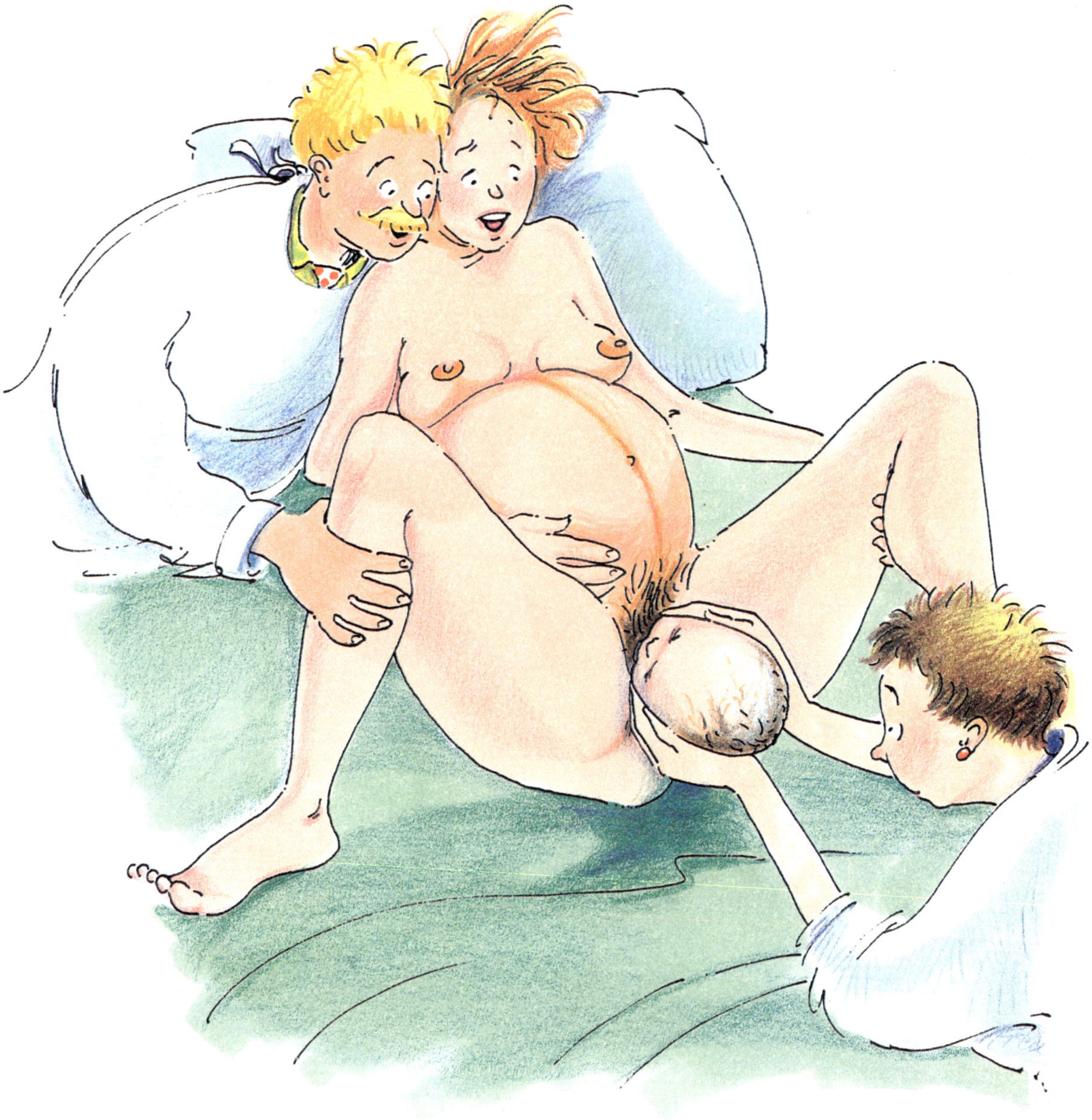

nicht so flott aus dem Bauch. Eine Geburt kann viele Stunden dauern.

Erst kommen die Wehen nur manchmal, dann immer häufiger. Wenn sich der Bauch regelmäßig alle fünf bis zehn Minuten zusammenzieht, beginnt die Geburt. Das Baby rutscht in der Gebärmutter noch ein bißchen tiefer nach unten. Dann platzt die Fruchtblase. Das ist die mit Fruchtwasser gefüllte Hülle, in der das Baby bis zu seiner Geburt schwimmt. Durch die Wehen zieht sich der Bauch der Mutter jetzt immer häufiger und immer stärker zusammen. Dann öffnet sich der Muttermund, der Ausgang der Gebärmutter. Er und die Scheide können sich ganz weit dehnen – wie ein Luftballon. Außerdem sind der Kopf des Babys und alle seine Knochen ganz weich. Es ist fast so, als wäre alles aus Gummi.

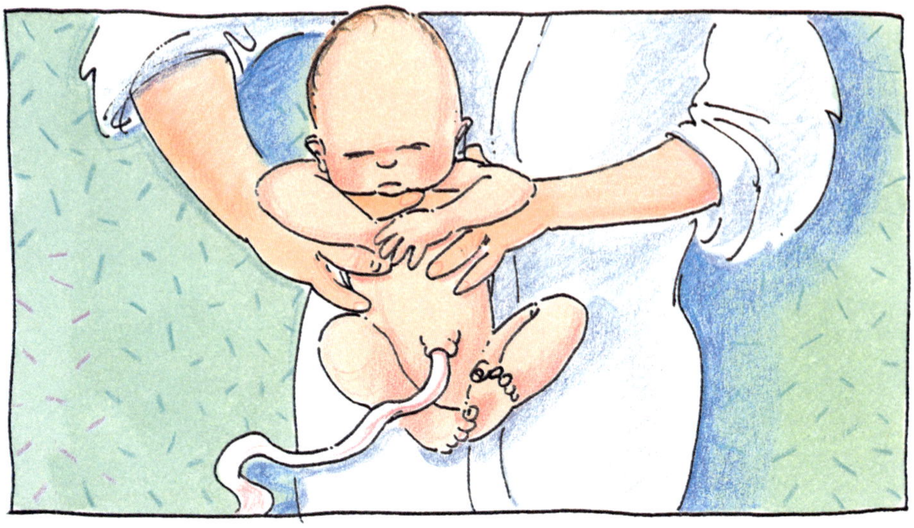

Nach der Geburt braucht das Baby die Nabelschnur nicht mehr: Es kann selbst atmen und Nahrung aufnehmen.

Alle warten auf den ersten Schrei

Endlich ist der Kopf des Babys am Scheidenausgang zu sehen. Der Arzt oder die Hebamme halten ihn sofort fest und ziehen das Baby heraus. Dann kommt der große Augenblick. Das Baby fängt an zu schreien. Auf diesen Moment haben alle gewartet: die Mutter, der Vater, Arzt oder Ärztin, Hebamme und Krankenschwester. Der erste Schrei des Babys zeigt, daß der neugeborene Mensch von jetzt an selbst atmet und lebt.

Wenn das Baby zum erstenmal geschrien hat, wird es auf den Bauch der Mutter gelegt. Es soll die Haut seiner Mama und ihren Herzschlag spüren. Den kennt es nämlich schon aus seiner Zeit in der Gebärmutter. Deshalb beruhigt es sich meistens sehr schnell, wenn es auf dem Körper der Mutter liegt.

Nach dieser kleinen Verschnaufpause schneidet der Arzt oder die Hebamme die Nabelschnur durch. Die braucht das Baby jetzt nicht mehr, denn es kann allein leben. Anschließend wird der kleine Junge oder das kleine Mädchen gebadet und in weiche Tücher gehüllt, damit es schön warm bleibt. Und endlich darf es wieder zur Mutter.

Da weiß der kleine Mensch sofort, was zu tun ist: Er sucht die Brust und fängt an, Milch zu saugen. Schon nach einer halben Stunde kann das Baby trinken. Außerdem ist es vom ersten Augenblick an in der Lage, zu hören, zu riechen und mit den Augen hell und dunkel zu unterscheiden.

Mit seiner Mutter bleibt das Kind noch etwa eine Woche im Krankenhaus. In dieser Zeit wird es regelmäßig untersucht, und die Mutter kann sich ausruhen. Außerdem bekommt sie von den Krankenschwestern noch ein paar Tips, wie man mit so einem kleinen Kind richtig umgeht. Wenn man das noch nie gemacht hat, ist das gar nicht so einfach.

Manchmal kommt es vor, daß Babys zu früh geboren werden und nicht über neun Monate lang in der Gebärmutter bleiben. Sie sind bei der Geburt sehr klein und schwach. Deshalb legt man sie in ein besonderes Bett, über dem ein Glasgehäuse steht. Dazu sagt man **Brutkasten.** Hier hat es das Baby fast so gut wie im Mutterleib. Sobald es groß und kräftig genug ist, darf es aus dem Brutkasten heraus. Ein paar Tage später kann es mit seiner Mutter das Krankenhaus verlassen.

Und dann kommt der Tag, an dem der neugeborene kleine Mensch zum erstenmal das Haus oder die Wohnung sieht, wo er nun leben wird.

Die Kleinsten bekommen den größten Empfang

Meistens spielen alle Leute verrückt, wenn das Baby aus dem Krankenhaus nach Hause gebracht wird. Die Großeltern, die Freunde, Onkel und Tanten, die Nachbarn – alle wollen am liebsten sofort das Baby sehen. Natürlich erkundigen sie sich auch, wie es der Mutter geht. Aber für die älteren Geschwister des Babys und für den Vater interessiert sich fast niemand.

Manchmal kann den älteren Geschwistern dieser Rummel ganz schön auf die Nerven gehen. Denn wenn sich alles nur noch um das Baby dreht, kommt man sich überflüssig vor. Vielleicht werdet ihr so eine Situation selbst erleben. Und dann werdet ihr bestimmt sauer auf die Leute.

Aber es dauert meistens gar nicht lange, bis wieder alles ganz normal ist. Wenn die erste Neugier nachläßt, hört der Rummel schnell wieder auf. Bald werden sich Großeltern oder Onkel und Tanten auch wieder für euch interessieren.

Aber zu Hause wird sich für lange Zeit einiges ändern. Vor allem eure Mutter wird weniger Zeit für euch haben. Sie muß sich ständig um das Baby kümmern. Und wenn man dann noch sieht, wie das Geschwisterchen beim **Stillen** gemütlich aus der Brust der Mutter die Milch saugt, könnte man ganz schön eifersüchtig werden.

Nun seid ihr die „Großen"

Wenn ihr nun glaubt, eure Mutter hätte euch weniger lieb als vorher, dann ist das Quatsch. Mütter haben ihre Kinder immer lieb. Und beim Liebhaben machen sie auch keine Unterschiede zwischen den großen und den kleinen Kindern.

Außerdem dürft ihr nicht glauben, nur das Baby wäre jetzt etwas Besonderes. Ihr seid es nämlich auch. Wenn ein kleines Geschwisterchen dazukommt, gehört ihr von einem Moment zum anderen zu den „Großen".

Beratung und Hilfe

Aktionsgruppe Homosexualität Bonn
Postfach 300 513
5300 Bonn 3

Arbeiterwohlfahrt
Oppelner Straße 130,
Postfach 1149
5300 Bonn 1
Tel.: 02 28/6 68 50

Arbeitsgemeinschaft Kinder- und Jugendgynäkologie
c/o Dr. med. Judith Esser Mittag
Am Bonneshof 30
4000 Düsseldorf 30

Arbeitsgruppe Natürliche Familienplanung
Kaiserstraße 163
5300 Bonn 1

Beratungsladen für Mädchen
Hackstraße 2
7000 Stuttgart
Tel.: 07 11/28 45 98

Bundeszentrale für gesundheitliche Aufklärung
Postfach 91 01 52
5000 Köln 91

Clearblue-Telefon
Informationsservice über Schwangerschaftstests
6000 Frankfurt
Tel.: 0 69/75 11 88

Deutsche AIDS-Hilfe e.V.
Bundesverband der regionalen AIDS-Hilfen
Nestorstraße 8 – 9
1000 Berlin 31
Tel.: 0 30/89 69 06-0

Deutsche Arbeitsgemeinschaft für Jugend- und Eheberatung e.V.
(DAJEB)
Münchenerstraße 20
8043 Unterföhring
Tel.: 0 89/9 57 08 09

Deutsche Hauptstelle gegen die Suchtgefahren (DHS)
Postfach 1369
4700 Hamm 1
Tel.: 0 23 81/2 52 69 / 2 58 55

Deutscher Caritasverband e.V.
Karlstraße 40, Postfach 420
7800 Freiburg
Tel.: 07 61/2 00-0

Deutscher Kinderschutzbund e.V.
Drostestraße 14
3000 Hannover 1
Tel.: 05 11/66 20 56

Deutsches Rotes Kreuz
Generalsekretariat
Friedrich-Ebert-Allee 71
5300 Bonn 1
Tel. 02 28/5 41-1

Diakonisches Werk
Stafflenbergstraße 76
7000 Stuttgart 1
Tel.: 07 11/21 59-0

Durchblick
Informationsservice für Jugendliche über Empfängnisverhütung und Sexualität
Postfach 1272
8060 Dachau
Tel.: 01 30/34 31

Evangelische Konferenz für Familien- und Eheberatung
Matterhornstraße 82
1000 Berlin 38
Tel.: 0 30/83 17 18

Katholische Bundesarbeitsgemeinschaft für Beratung e. V.
Ehe-, Familien- und Lebensberatung/Telefonseelsorge
Kaiserstraße 163
5300 Bonn 1
Tel.: 02 28/10 31

Kinderschutz und Jugendwohlfahrt
Beratungstelefon Hamburg
Tel.: 0 40/87 54 27

Kinderschutzzentrum München
Pettenkoferstraße 10 a
8000 München
Tel.: 0 89/55 53 56

Kindersorgentelefon Hamburg
Werktags zwischen 14.00 und 19.30 Uhr
Tel.: 0 40/43 73 73

KISS
Kontakt- und Informationsstelle für Selbsthilfegruppen
Gaußstraße 21
2000 Hamburg 50

Pro Familia
Deutsche Gesellschaft für Sexualberatung und
Familienplanung e. V.
Cronstettenstr. 30
6000 Frankfurt 1
Tel.: 0 69/55 27 01

Selbsthilfegruppen bei Eßproblemen, Eß- oder Magersucht
Overeaters Anonymous
Kontaktstelle Nord Nr. 091 870 A
hauptpostlagernd
5000 Köln 1

Sozialdienst katholischer Frauen (SkF)
– Zentrale –
Agnes-Neuhaus-Straße 5
4600 Dortmund 1
Tel.: 02 31/52 81 26/27

Verband alleinstehender Mütter und Väter (VAMV)
Bundesverband e.V.
Von-Groote-Platz 20
5300 Bonn 2
Tel. 0228/35 29 95

Wildwasser
Notruf für vergewaltigte Mädchen
Mehringdamm 50
1000 Berlin
Tel.: 0 30/7 86 50 19

Die örtlichen Beratungsstellen findet ihr auch im Telefonbuch unter dem Stichwort „Beratung". Außerdem gibt es bei der Deutschen Arbeitsgemeinschaft für Jugend- und Eheberatung einen Beratungsführer, in dem die Beratungsstellen in ganz Deutschland mit ihren Leistungen und Anschriften aufgelistet sind.

Stichworte

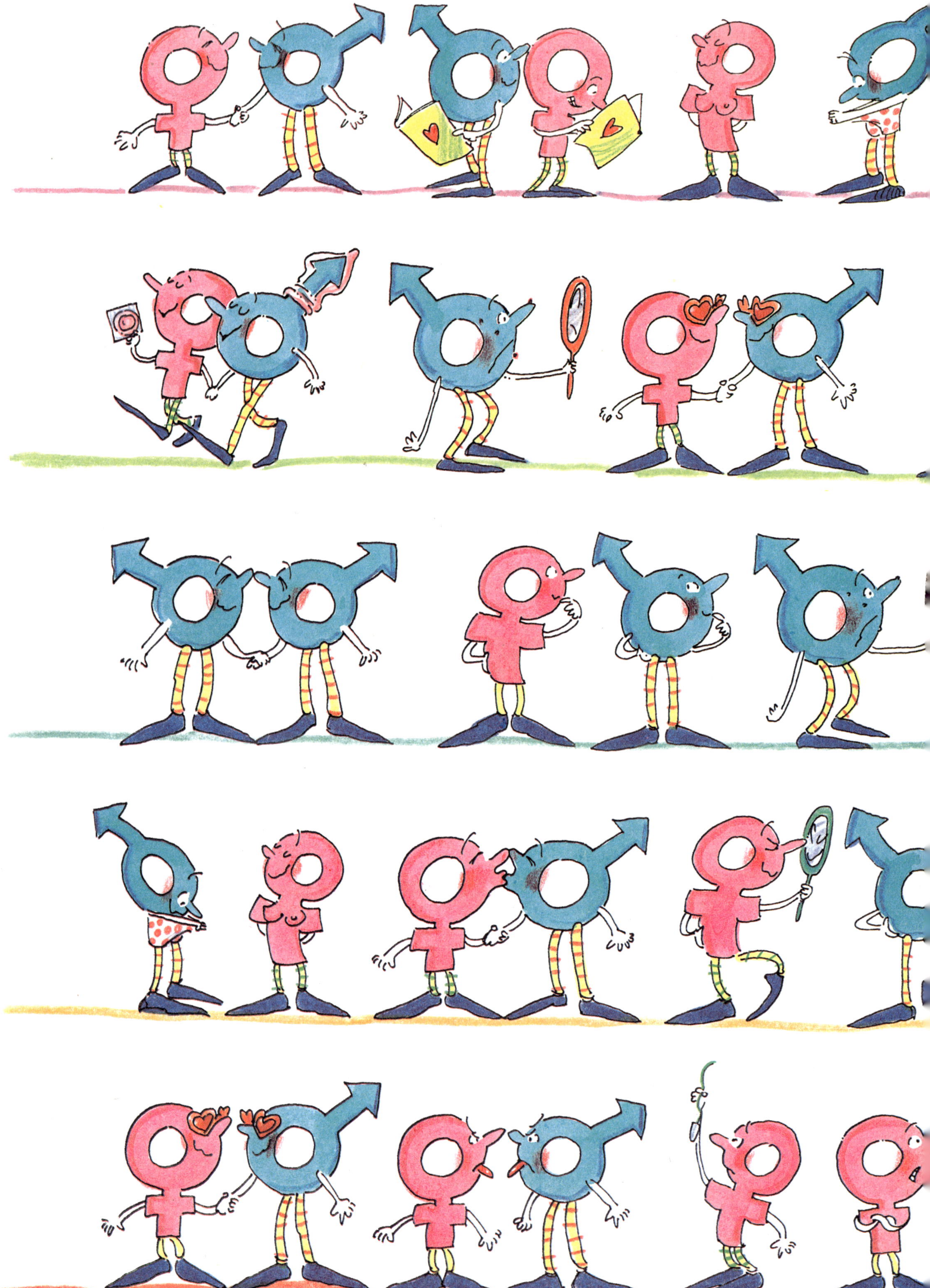